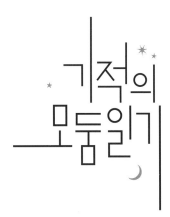

기적의 모둠일기 ✳

소통하는 글쓰기, 치유하는 글읽기

2017년 4월 17일 1판 1쇄 펴냄

글쓴이 삼척 정라초등학교 5학년 1반 아이와 부모님
엮은이 주순영
편집 문지원, 김로미, 박세미, 유문숙, 이경희 | **디자인** 권석연 | **제작** 심준엽
영업·홍보 백봉현, 송추향, 안명선, 양병희, 이옥한, 정영지, 조병범, 조서연, 최민용
경영 지원 임혜정, 전범준, 한선희 | **인쇄** (주)상지사P&B

펴낸이 윤구병 | **펴낸 곳** (주)도서출판 보리 | **출판 등록** 1991년 8월 6일 제 9-279호
주소 (10881) 경기도 파주시 직지길 492
전화 (031)955-3535 | **전송** (031)950-9501
누리집 www.boribook.com | **전자우편** bori@boribook.com

값 13,000원 | **ISBN** 978-89-8428-966-6 03370

보리는 나무 한 그루를 베어 낼 가치가 있는지 생각하며 책을 만듭니다.

이 도서의 국립중앙도서관 출판예정도서목록(CIP)은 서지정보유통지원시스템 홈페이지
(http://seoji.nl.go.kr)와 국가자료공동목록시스템(http://www.nl.go.kr/kolisnet)에서
이용하실 수 있습니다. (CIP제어번호: CIP2017007617)

소통하는 글쓰기, 치유하는 글읽기

기적의 모둠읽기

삼척 정라초등학교 5학년 1반 아이와 부모님 글

주순영 엮음

보리

학생, 학부모, 교사를 이어 준
아름다운 디딤돌, 모둠일기

"너희 담임 선생님 누구야?"

"응, 작년 4학년 때 담임이었던 주순영 선생님이야."

"뭐? 같은 선생님이야?"

새 학기, 우린 이렇게 운명처럼 다시 만나 두 해를 보냈다. 4학년, 5학년 두 해를 같이 보냈는데 5학년 때 아이들과 부모님이 함께 쓴 모둠일기를 모아 엮었다.

1990년에 첫 발령을 받아 스물여섯 해 동안 초등학교에서 아이들을 만나 왔다. 그 세월 동안 만난 아이들과 학부모들이 얼마나 많겠는가. 그 가운데 아직도 가장 진한 무늬로 내 마음에 남아 있는 아이와 학부모는 모둠일기를 같이 썼던 사람들이다. 연락이 닿아 허물없이 만날 수 있는 관계도 이들이 가장 많다. 교사와 학부모가 아닌, 같은 시대를 살아가는 길동무로 인연이 이어지고 있다.

함께 글을 쓴다는 건, 손 맞잡고 함께 걸어가는 길이다. 가다 보면 앉아 쉴 수 있는 커다란 바윗돌도 만나고 나무 그늘도 만나고 꽃반지 만들어 서로의 손가락에 끼워 줄 들꽃도 만난다. 힘들면 기다렸다 같이 가고 슬퍼하면 조용히 곁에서 어깨를 내준다.

어쩌면 그때는 잘 알지 못했을런지도 모른다. 함께 글쓰기를 하며 걸

어온 그 길에서 서로의 상처를 보듬어 주었는지, 환대와 배려가 있었는지, 성장과 배움이 있었는지……. 하지만 분명한 건 모둠일기 쓰기가 부모님과 아이들 사이, 교사와 부모님 사이, 교사와 아이들 사이, 심지어 아이들과 아이들 사이에 아름다운 관계를 이어 준 디딤돌이었다는 것이다.

교사인 내가 한 일은 별로 없다. 그저 보일 듯 말 듯 가려져 있지만 함께 걸어 보고 싶은 길을 발견했고 우리 같이 가 보자고 안내했을 뿐이다. 마음을 낸 것은 아이들과 부모님들이었다. 우리는 그렇게 그 길을 타박타박 걸어왔다. 가는 과정도 좋았지만 도착해 보니 이 길만큼 좋은 길이 또 있을까 싶다.

그래서 선생님과 부모님, 아이들이 함께 모둠일기를 써 보길 권한다. 학교 울타리 안에서 아이 만나는 일을 힘들어하는 선생님, 불안을 안고 사는 학부모님들이 모둠일기를 함께 쓰는 이 길을 걷다 보면 두려움이 걷히고 새 힘이 생겨날 것이기에. 그리하여 마침내 그 곳에 서 있는 사랑스런 우리 아이들을 만나게 될 것이기에.

2017년 4월 주순영

차례

엄마, 아빠가 일기를 잘 쓸까? 5월 일기

모둠일기, 또 다른 세상이 여기 있었네! 6~7월 일기

8

우리딸이 착하고 엄마가 좋만 매우 힘들어 북단스러웠다면
앞으로 모둠일기는 아빠가 매번 써준다는 있다 ㅋㅋ-
다만 글씨와 맞춤법이 틀리다고 흉기지 않는한 ⋯ ㅎㅎ
그리고 선생님 우리집은 여자들만 있지만, 이 여자들은
결구 ✗ 서로 힘을 합쳐 저를 이기지 않습니다.
저들의 힘으로 항상 된 남자를 무너뜨릴수 있지만
우리집 여자들은 그러 줌에도 불구하고 저의 한마디에
저주는 지혜를 갖고 있습니다.
오늘 우리집 여자들에 대해 줌간 소개할까요 후훗~
저의 큰여자인 아내는 항상 제맘대로 인 이 남자를 항상
이해하고 춤자고 버려하는 여자 입니다 아이들에겐 늘
친구같고, 챙기는 큰 언니 같고요 그리고 둘째인 여자
채온이는 어려서 부터 엄마같은 여자이요 쏘때애반가 첫째만
다니면서 엄마아빠 힘들다고 칭칭한다 다른것까지 나서지 말라고 자기가
알아서 한다고 ⋯ 늘 무래버 에게는 앙방스며 엄마아빠는 거뜰어
다리미다 하면 엎어서 데려 다니고 엄마바쁘면 밥차려놓고
엄마아빠 없을때 대충 반찬까지 만들어 놓을 챙겨먹이고 설겆이까지
하고 , 엄마없을때 아빠 퇴근하면 반겨주고 ⋯ ㅋㅋ 큰딸은
이거 정말로 누가시켜 않고 쓰스 알아서 하답니다 요즘은 TV보다
책읽는으로 더 재미있다고 거의 취루히 한권정도 읽는데요 정말
기특한 여자죠? 무래버 역시 자기언니 못지않는 귀여운
여자입니다 너적 없이 노는가 문자라네요 후훗
그런 다음 모둠일기여 봐요. 선생님, 줄 숙구세요 ~

| 일러두기 |

- 이 책은 2008년, 삼척시 정라초등학교 5학년 1반에서 함께한 '학부모 모둠일기' 사례를 엮었다.

- 아이와 부모님이 일기장에 쓴 글이 때로 표준 말법에 맞지 않더라도 되도록 그대로 실었다.

- 보통은 아이 일기, 부모님 일기, 선생님 댓글 차례로 이어지는데, 그 가운데서 건너뛰거나
  다음 날로 넘어간 경우도 있다.

- 일기 뒤에 ✿표는 주순영 선생님이 쓴 댓글이고, ✿표는 부모님이나 아이가 쓴 댓글이다.

엄마, 아빠가 일기를 잘 쓸까?

5월 일기

모둠일기를 시작하며

안녕하세요! 잘들 지내시죠?

5월의 자연은 넘치도록 푸르고 향기롭습니다.

자연을 닮은 우리 아이들도 하루가 다르게 몸과 마음이 쑥쑥 여물어 가고 있습니다. 초등학교 5학년, 저마다 '난 나야!'를 외치며 자기 정체성을 찾아가는 때입니다. 그 목소리가 때로는 똑 부러지는 자기주장으로 들리고 때로는 겁 없는 십 대의 외침으로 들리고 때로는 나를 알아 달라는 몸부림으로 보이기도 합니다.

지난해에 이어 올해도 한 교실에서 공부하다 보니 반 동무들은 물론 부모님들과도 서로 잘 아는 사이가 많습니다. 내남 할 것 없이 한 식구처럼 아이들을 챙겨 주는 부모님들을 보면 참 반갑고 고맙지요.

이런 따뜻한 만남을 더 깊이 이어 가려고 모둠일기를 씁니다. 동무들의 생각, 부모님들의 생각을 쓰고 읽고 함께 나누는 자리입니다. 너무 잘 쓰려고 욕심내지 마시고요 부담도 갖지 않으셨으면 좋겠어요. 있는 그대로 '툭' 던지듯이 그렇게 써 나가면 좋겠습니다. 우리 아이들이 날마다 쓰는 일기처럼요.

담임 주순영 올림

모둠일기 이렇게 씁니다

1. 모둠 동무들이 한 일기장에 하루씩 돌아가면서 씁니다.
   (일주일에 한 번, 모둠일기 쓰는 날에는 개인 일기는 쓰지 않는다.)

2. 아이가 쓰는 날에는 부모님도 씁니다.

3. 내용은 그 어떤 것도 다 됩니다.
   (들려주는 이야기, 살아가는 이야기, 담임 선생님이나 아이에게 하고 싶은
   이야기…….)

4. 형식은 자유롭게 연필 가는 대로 씁니다.
   (편지, 시, 산문…….)

　

- 함께해 주셔서 고맙습니다. 그 길에 우리 아이들이 서 있습니다. -

여섯 모둠 소개

검둥이네 마을 - 박다빈 고소현 차승현 이호준 최철호
누렁이와 삽사리 - 송영채 문선호 이문영 한홍비 이동제 정혜윤
말달리자 - 김민지 박상혁 김호섭 박원빈 김지민 김나영
여섯빛깔 무지개 - 김영래 함호식 김희홍 이재건 김세연 김형래
파란마을 - 장채은 이유라 이혜원 공석민 김연주 황주환
풀잎 - 조혜원 이가현 박조한 김성수 김재재

5월 6일 (화)
엄마가 모둠일기 써야 되는데

박다빈

날씨: 아침에는 꽃이 다 진 것 같았는데도 꽃샘 바람인지 바람이 너무 세게 불었다. 낮에는 햇빛이 너무 쬐었고, 저녁에는 추울 줄 알았는데 조금 따뜻했다.

뉴스와 엄마

학원 끝나고 8시 40분쯤에 들어오고 나서 손발 씻고 저녁밥을 먹으면서 9시 뉴스데스크를 봤다. 꼭 선생님이 한발 앞서서 가르쳐 주신 것 같았다. 무슨 신문에 '똑같습니다!'와 광우병 소와 독도 포기…… 이럴 때 보면 선생님이 족집게 같다. 내가 뉴스를 보면서 "거봐, 맞다니까." 하니까 엄마가 "누가 그래?" "선생님이요." 하니까 "확실치 않대잖아." 엄마는 괜히 화내신다. '독도 포기' 증거가 없어도 그렇지……. 그리고 쌩쌩하면서 아프다고 모둠일기 못 쓴다고 변명을 하셨다. "엄마, 이거 꼭 써야 돼요!" "아, 알아서 할게." "한두 줄이라도 쓰세요. 네?" "아, 진짜!" "아, 그냥 한두 줄……." "그만 좀 해!" "엄마, 아프긴 뭐가 아파요?" "아프다고!" 큰일 났다. 엄마가 모둠일기를 써야 되는데…….

★ 다빈이가 자신 있게 첫 번째로 모둠일기를 가져갔는데 엄마가 안 쓰셔서 걱정했구나. 너무 속상해 하지 마. 너도 하고 싶지 않을 땐 안 하잖아. 다음 번엔 엄마가 함께 참여하실 수 있도록 잘 말씀드려 봐.

김민지

날씨: 어제보다는 꽤 맑아졌다. 조금 두꺼운 긴팔에 조금 긴 반바지를 입어도 괜찮은 날씨였다. 내일도 쭈욱 이런 날씨였음 좋겠다.

우리 모둠 친구들한테(지민, 원빈, 호섭, 상혁, 나영)

안녕 얘들아!

나 민지야. 오늘부터 모둠일기를 쓰게 되었잖아. 난 너무 설레었어. 모둠일기라니! 그리고 부모님도 쓴다니 정말 좋은 추억이 될 것 같아. 너희들이 쓴 일기를 보며 오늘 어떤 일이 있었는지 알 것 같아. 지민아, 원빈아, 호섭아, 상혁아, 나영아 우리 모둠일기 잘 써 보자. 그럼 우리 말달리자 모둠 파이팅!

김민지 어머니

우리 예쁜 민지가 사진에서 눈이 감겼네. 엄마는 너가 뭘 하든 소중하고 예뻐. 어떤 때는 계모처럼 욕도 하고 싫은 소리도 하고 고함도 지를 때가 있지. 일이든 공부든 충분히 너가 할 수 있는데 농땡이를 치니까, 너무 성의도 없고 의욕도 없으니까 혼내는 거야.

낮에는 덥지? 수업 마치고 영어 학원 가랴, 집에 와서 잠깐 쉬고 피아노 학원 가랴 힘들지? 묵묵히 불만 없이 다니고, 숙제도 알아서 하고. 우리 딸이 많이 컸다는 생각이 들어. 참, 피아노 학원 다니면서 자주 피아노를 치니까 엄마는 너무 좋아. 피아노가 녹스는 건 아닌가 싶었거든. 내년이면 6학년, 초등학교 마지막 학년이야. 좋은 추억 만들고 건강하게 학교 생활 잘하길 바라.

부탁이 있는데 들어줄 거지? 중학교 가면 초등학교 때만큼 여유 시간이 없을 거야. '독서'에 조금만 더 신경 써 주렴. 그리고 아빠 아침에 출근하실 때 공손히 인사 좀 해라. "잘 다녀와!"가 뭐니? 내일부터 기대할게.

자식이 뭔지 선생님께 먼저 글을 올려야 하는데 민지한테 먼저 썼네요. 너무 어려운 숙제를 주셨네요. 막상 펜을 드니 자식한테는 할 말이 끝이 없는데 선생님께는 마음은 있는데 표현을 어떻게 해야 할지……. 어제 마트에 가서 액자를 몇 개 사 와서 사진을 골라 끼우다 보니 민지 어렸을 때 사진을 보게 되었어요. 순간, 지금의 민지를 저는 아직도 대여섯 살 딸로 생각하고 있구나 하는 걸 느꼈어요. 제 머릿속을 확 바꾸고 싶어요. 자식만큼은 제 마음에서 조금 멀리하고 싶은데 안 되네요.

작년 말부터 몸이 안 좋아서 병원을 좀 다녔어요. 아플 때는 죽는 생각을 하게 되더라고요. 죽는 생각을 하니 남편은 뒷전이고 '저 어린 것을…….' 하면서 많이 울었어요. 우울증 아닌 우울증이 오는 것 같아 제 자신 '태평'이 되고 '바보'가 되려고 무진장 노력했어요. 다른 것은 많이 바뀌었는데 자식만큼은……. 선생님, 저 주책이죠? 다들 잠든 밤에 캔 하나 마시면서 씁니다. (제 의도와는 상관없이 펜이 움직이다 보니 이상한 말이 나오네요.)

민지 3학년 2학기 때는 친정아버지께서 돌아가셨거든요. 일 년 정도 투병하셨는데 아버지랑 잘 지내다 보니 충격이 너무 컸어요. 투병 생활 일 년, 돌아가시고 일 년. 민지한테 괴로운 엄마의 얼굴만 보여 줬어요. 제 자신 추스려 가족들한테 더 신경 쓰자 하니 제 몸에 이상이 오고. 그나마 다행히 민지가 말썽 없이 학교생활을 잘해 주니 너무 고마운 생각이 들긴 해요.

제 신세타령하는 것만 같아 죄송해요. 만약 선생님께서 4학년 때부터 '공부! 공부!' 하셨으면 저뿐만 아니라 다른 엄마들도 엄청 시켰을 거예요. 전 매일 일기장에 댓글 달아 주시는 선생님이 좀 의아했어요. 민지가 좋아하고 거기에 본인도 몇 마디 적으니까 읽는 저도 재미가 있더라구요. 작년에 《나나 너나 할 수 있다》는 책을 봤는데 '초등학교 때 일기를 보신 선생님께서 몇 자 적어 주신 게 너무 위안이 되고 큰 힘이 되었다.'는 글을 보고 애들 마음은 다 똑같구나 하는 생각을 하면서 선생님께 고마움을 느낍니다. 엄마들 모이면 공통 의견은 '우리 선생님은 애들 편애하지 않는다.'는 거예요. 5학년 남은 시간 우리 민지뿐만 아니라 우리 반 애들 별 사고 없이 밝고 명랑하게 지낼 수 있도록 잘 부탁드립니다. 민지가 학교생활이 재밌다 하니까 전 선생님께 얼마나 감사한지 몰라요. 학교생활이 즐거워야 공부도 잘할 수 있을 것 같아서요. 두서없는 글 봐 주셔서 감사합니다. – 민지 엄마 드림

✸ 민지 어머니! 소중한 글 정말 고맙습니다. 힘든 시기를 잘 견뎌 오신 어머니 글 읽으면서 숙연해졌습니다. 늘 밝고 쾌활한 모습이었기에 민지 어머니를 뵈면 슬며시 웃음이 나오고 힘

도 났어요. 자식에 대한 욕심 없는 부모가 어디 있을까요. 요것만 잘해 줬으면, 좀 더, 조금만 더 하는 것들이 많잖아요. 그런 마음을 누르고 아이들이 진정으로 행복하게 지내는 모습을 더 키워 나가야 할 것 같아요. 막연한 미래보다 오늘, 지금, 이 자리에서 행복하게 열심히 살면 미래는 저절로 따라오지 않을까요? 어머니 글이 민지와 저뿐만 아니라 다른 부모님들께도 힘이 되었을 거예요. 고맙습니다.

조혜원

날씨: 아침에 일어나서 창밖을 보니 햇빛이 나고 나무가 살살 흔들렸다. 학교에서 수업할 때도 날씨가 너무 좋았다. 오늘은 햇빛 좋고 바람 살살 불었던 날.

이상한 오빠들

오늘 방과 후에 우리 모둠은 복도 청소를 맡아서 복도 청소를 했다. 청소를 다한 후 가방을 메고 나가는 길이었다. 어떤 오빠들 대여섯 명이 몰려서 가현이한테 "야! 일로 와 봐." 하고 말했다. 가현이 뒤따라 나도 가고 있었는데 나한테도 가현이한테 말했듯이 반복했다. 가현이랑 나는 무시하고 빠른 걸음으로 얼른 지나갔다. 난 속으로 '뭐 저런 오빠가 다 있어.' 생각하고 가현이랑 난 둘이 얼굴을 쳐다보며 씨익 웃었다. 그 순간 난 이 일을 일기로 쓰면 좋겠다고 생각했다. 지금 생각하면 참 황당하다. "별 이상한 오빠들 만나서……. 참 나."

★ 그런 녀석들이 다 있어? 신경 쓰지 말고 얼른 피해. 고등학생들이 그 시간에 왜 초등학교를 얼쩡거려?

18

날씨: 잘 정돈된 머리카락이 엉키고 집안 유리창을 열어 두기에는 다소 센 바람이 불던 날.

시험 때문에 존재하는 직업을 가진 아빠

시험이 좋다는 사람을 별로 만나지 못했지만 나는 시험이 있어서 먹고 사는 기구한(?) 직업을 가진 사람이다. 출근을 늦게 해도 되지만(평상시에는 오후 1시) 퇴근은 기약이 없는 사람이다. 고등부 수업 때문에 몇 년 동안 계속 주말 수업을 했지만 요즘은 일요일에만 나가는 경우도 가끔 있다. 계절의 변화를 만끽하는 여행을 아이와 함께 다녀온 적이 거의 없고, 취미도 없으며, 친한 친구들도 대체로 만나지 않는 편이다. 이 모든 것이 시험에, 직업에 충실하고자 했던 내 가치관에서 비롯된 생활이다.

삼척에 와서 가르쳤던 제자들 가운데 몇 명이 기억에 남는다. 가장 먼저 내게 청첩장을 안겨 준 아이, 공무원 영어를 가르쳤기에 늦은 나이에 공부해서 합격하여 소방서에서 근무하던 제자, 시청에 근무하는 제자, 칠 년을 배워 대학에 합격한 아이들, 가난했지만 열심히 해서 서울대학교에 합격한 아이, 제자에서 같은 반 학부형이 된 사람. 그 외에 '하버드'라는 인연으로 알게 된 모든 사람들…….

직업에서는 흔히 성공하는 사람들 가운데 한 명이라는 과분한 칭찬도 들어 봤지만 얻어짐으로 인해 잃어버린 많은 것들이 있어 쉼 없이 움직이는 '삶의 목마'를 멈추고 싶을 때가 종종 있다. 일상생활에서 못난 아빠라고 느껴질 때…….

추신: 시험 기간이라 두서없이 마구 쓰다 보니, 수정할 수도 없네요.

★ 혜원 아빠! 함께해 주셔서 고맙습니다.

"우와, 혜원 아빠는 날씨도 우리들이 쓰는 것처럼 썼어."

"어디요, 어디? 혜원아, 너는 좋겠다. 이런 아빠가 있어서."

아이들이 부러워하는 말을 들은 혜원이 얼굴에 활짝 웃음이 퍼져 나갔어요. 직업이 무엇이든 상관없이 하는 일에 최선을 다하고 목표를 세우고 그곳에 다다르려는 모습은 아름다운 삶이지요. 그런 아빠를 혜원인 늘 존경하고 있음을 느낍니다.

5월 7일(수)
최고의 어버이날 선물일 것이다

고소현

날씨: 바람이 조금 불어왔다. 민들레 줄기가 지하철에서 조는 아저씨처럼 이쪽으로 저쪽으로 흔들렸다. 치마를 입고 있던 어린 여자애는 바람이 아이스께끼를 한다고 설쳐 댔다. 저번 주는 찜통처럼 더웠는데 이번 주에는 서늘한 게 참 좋다.

먹자거리의 훌륭한 아저씨

하나로마트 앞에 있는 길을 난 먹자거리라고 부른다. 이유는 포장마차가 세 개나 있고 뻥튀기 장사도 하기 때문이다. 먹자거리를 지날 땐 난 고민을 한다. 뻥튀기 아저씨가 매일 공짜로 "거기 학생 뻥튀기 먹을래?" 하며 뻥튀기를 주셔서 좀 부담스러운데 먹자거리 말고 다른 길로 갈까 말까 하는 바보스런 고민. 그런 고민을 하는 동안 어느새 뻥튀기 아저씨 앞까지 와 버렸다.

"안녕하세요?"

"학생, 자 받거라 뻥튀기야."

"고맙습니다."

그저 뻥튀기 하나 준 건데 기분이 좋다. 난 "고맙습니다." 하고 말을 할 때 속으로 '아저씨는 정말 착해요.' 하고 말했다. 난 아저씨한테 뻥튀기를 산 적이 없다. 그런데도 지나가는 사람마다 붙잡고 뻥튀기를 주는 아저씬 꼭 몰래 굴뚝으로 들어와 선물을 두고 가는 산타클로스 같다. 청솔 2차아파트를 지나는데 아저씨의 뻥튀기가 잘게 부서져 있었다. 자신을 생각하며 기껏 준 것인데……. 부순 사람은 미친 소 수입한다는 이명박과 정부를 닮았을 것이다.

그 아저씨는 거지나 쫄쫄 굶은 고양이가 와도 뻥튀기를 나눠 줄 사람이다. 아저씨는 왠지 '고다니 선생님'을 닮은 것 같다. 누구한테나 적극적으로 다가가는 그런 마음에서.

✦ 우와, 그런 아저씨가 계시다니, 정말 멋진걸!

고소현 어머니

날씨: 눈으로 보기엔 더없이 맑은 날씨였지만 세차한 지 얼마 안 된 차 위에 쌓인 먼지를 보자니 마음이 시려 왔다.

아침부터 내일 있을 동전 교환 운동 회의 서류를 만드느라 쉴 새가 없었다. 이렇게 바쁠 땐 혼자만의 공간에서 잠깐 동안 가지는 커피 타임이 너무 좋다. 삼척의 시내가 내려다보이는 사무실에서, 내가 자라났고 우리 아이들이 자라고 있는 삼척이 변하는 모습을 바라본다. '아! 그러고 보니 내일이 어버이날이다. 퇴근할 때 잊지 말고 엄마에게 달아 줄 꽃을 사 가야지.' 하고 다짐한다. 나를 키워 주고, 우리 아이를 키워 준 엄마인데도 아직 투덜거리는 걸 보면 언제까지나 엄마에겐 딸일 수밖에 없나 보다.

✤ 소현이 외할머니 건강하시지요? 예전에 (대학 때) 가끔 소현이 외할머니 뵈었는데 지금은 얼굴도 기억이 안 나네요.

박상혁

날씨: 해가 떴지만 바람이 조금 불고 낮에는 비가 조금씩 떨어지다 말았다.

어버이날 선물

오늘 축구부 축구 연습을 끝내고 한 3시 10분쯤 택시를 타고 홈플러스에 어버이날 선물을 사러 갔다. 손이 너무 더러워서 먼저 화장실에 가 세수를 하고 손을 씻었다.

2층을 좀 둘러봤는데 삔이 있길래, 엄마가 저번에 어버이날 선물을 삔으로 해 달라고 해서 살펴보니 꽤 괜찮은 삔이 하나 있었다. '엄마가 마음에 들어 하셔야 하는데……' 아빠 선물은 아빠가 매일 헌 모자만 쓰고 다니셔서 깔끔한 흰색 모자를 샀다. '현장에 다니시는데 때가 많이 안 낄까……' 망설이다가 그냥 구입을 했다. 어제 회 먹으러 갔을 때 회를 사 주신 아빠 아는 아저씨가 골프는 손힘으로 한다고 완력기로 손 운동을 많이 해야 한다고 해서 스포츠 매장에서 누나 선물 완력기도 하나 샀다. 옆에 있는 악세사리 가게 아주머니가 포장 하는 것을 도와주셨다. 아마 최고의 어버이날 선물일 것이다.

고맙다, 상혁아! 오늘은 진짜 최고의 어버이날이 된 것 같구나. 어느새 이만큼이나 컸는지……. 정말 고맙구나. 엄마는 너에게 조금 신경을 못 써 주었는데……. 미안하구나. 하지만 항상 널 생각하면서 지낸단다. 누나 못지않게 너도 중요한 아들이거든. 엄마가 집에 없어도 혼자 잘해 나가는 걸 보면 엄마는 상혁이가 자랑스럽단다. 하지만 상혁아, 운동도 좋고 노는 것도 좋지만 공부도 중요하단다. 수업 시간에 선생님 말씀 열심히 듣고 책을 읽는 습관을 가져야 한단다. 상혁이는 잘할 수 있으리라 믿는다. 조금만 더 신경 써 줘. 엄마의 바람이란다. 상혁아, 엄마가 집에 없어도 씩씩하게 자기 할 일 다하는 그런 아들이 되어 줘서 고마워. 사랑한다. 아들아!

선생님께

이런 어려운 숙제를 내 주시다니……. 하지만 아이들과 마음을 전달할 수 있어 기쁘네요. 매일 누나 때문에 상혁이가 조금은 손해를 보는 것 같아 항상 마음이 무겁답니다. 선생님께서 상혁이를 많이 다독거려 주세요. 여느 가정처럼 조금은 평범하게 지내야 하는데 저도 여러모로 힘이 드네요. 하지만 전 두 아이들을 보고 힘을 얻는답니다. 딸은 딸대로 아들은 아들대로 기특하고 자랑스러워요. 아이들을 보며 울다가 웃다가 하니 내 인생이 어쩌다 이렇게 됐나 하는 생각도 들고. 이런 게 인생인가요? 하루 종일 마음 졸이며 서 있었더니 맥이 쭉 빠지네요. 그래도 오늘은 저에게 있어 아주 기쁜 날이랍니다. 상혁이가 준 선물, 세영이가 준 선물. (오늘 대회에서 2등을 했어요. 아쉽게 1타 차이로 1등을 놓쳤지만…….) 전 우리 아들딸이 자랑스럽답니다. 선생님, 그냥 두서없이 몇 자 적었어요. 이런 기회를 주서서 감사합니다.

✦ 그러게요. 두 아이가 참 믿음직스러우시겠어요. 상혁이 잘하고 있어요. 걱정 마세요!

이유라

날씨: 해.

잔소리를 하지 마세요

오늘은 엄마가 나에게 잔소리를 했다. 아, 완전 머리가 아프다. 엄마가 우리 모둠 노트를 읽어 보셨다. 엄마는 나 말고 채은이가 잘 쓴다고 하셨다. 채은이는 글씨를 아주 예쁘게 쓴다. 나도 채은이처럼 글씨를 아주 예쁘게 쓸 거다. 글씨를 예쁘게 쓰도록 노력해야겠다. 엄마 나에게 제발 잔소리를 하지 마세요. 엄마가 잔소리를 하면 제가 머리, 귀가 아파요. 그리고 아까 잘못했어요. 내일 어버이날이잖아요. 카네이션 하나, 편지나 아무튼 그렇게 해 줘야 되는데 미리 못 해 줘서 미안해요.

이유라 어머니

사랑이 많은 유라야!

갑자기 이 글을 쓰자니 막막한 느낌이네. 훌쩍 자란 내 아이 유라. 요즘엔 밤새 자라는 것 같구나. 때론 내게 강하게 독하게 자신의 주장을, 감정

25

을 뱉어 내는구나. 당황스럽고 섭섭하고 우울하더라. 다른 아이와 비교해서 네게 상처를 주었구나. 제일 안 좋은 방법으로 네게 분노, 새로운 상처를 주어 많이 미안하고 어른스럽지 못했던 엄마의 감정 처리, 사과할게. 엄마도 네 부모 이전에 그냥 사람이고 감정대로 움직이는 평범한 인간이란다.

네게 조심스럽게 일어나는 반항, 몸의 변화, 사춘기가 네 일을 소홀히 할 만큼 특별한 권리는 아니기에 최소한 맡은 일에 성실했으면 좋겠구나. 몸이 크는 만큼 생각주머니, 마음도 함께 자랐으면 좋겠다. 글씨를 성의 있게 쓰면 몸도, 마음도 예쁘잖니.

요즘 잔소리를 많이 했지? 엄마의 성급함, 너에 대한 기대가 불편한 잔소리로 전달되었구나. 잔소리, 줄여 볼게. 어버이날, 어린이날, 거창한 기념일이 아니잖니. 부모를, 자식을 사랑하는 아주 작은 마음이면 충분하다. 네 마음을 지적, 소홀함을 걱정하는 거란다. 아빠의 마음, 사람이기에 가능하단다. 엄마도 마찬가지. 이런 공간 마련해 준 선생님의 참교육에 감사하는 마음이 앞선다. 고맙습니다.

✦ 유라가 많이 컸지요. 의젓하고 착해요. 말만 좀 더 많았으면 좋겠어요.

이가현

날씨: 너무 하늘이 쌀쌀맞은 게 영 아니다. 아침 시간에 트로피 받으러 대표로 방송실 갔다가 안 한다고 해서 두 번이나 왔다 갔다 해서 좀 더웠다. 저녁 시간에는 되게 추웠다. 그리고 6시 30분 정도가 되자 해도 금방 지는 것 같았다. 옷도 두 번 갈아입고. 변덕쟁이 날씨!

힘든 날

쉬는 시간이 끝나고 셋째 시간이 시작되었을 때 선생님 휴대폰으로 전화가 왔다. 알고 보니 선생님 아들이 다쳐서 빨리 오라는 전화였다. 선생님은 "학습부들이 수학 좀 가르치고 학급 임원들은 아이들 떠들지 않게 해." 하고 급히 나가셨다. 선생님이 나가자마자 아이들은 막 떠들어 댔다. 내가 "조용히 해! 떠들면 적는다!" 했더니 언제 떠들었냐는 듯 조용해졌다. 먼저 학습부인 연주가 수학을 가르쳤다. 남자 아이들은 비웃는 표정인 것 같았다. 수업을 진행해 나갈수록 아이들은 더 떠들어 댔다. 마지못해 민지가 "조용히 하라고!" 하고 크게 말했다.

'무슨 말들이 많냐? 그리고 선생님이 수업할 때는 좀 조용하드만 연주가 하니까 막 비웃네.'

그러다가 공부 짱인 동제가 수업을 하니까 쥐 죽은 듯이 조용해졌다.

'여자, 남자라고 뭔 상관있나? 연주도 공부 잘하는데……'

더 이상 소리 지르고 싶진 않았다. 목소리도 좀 쉬어 있는 것 같고.

'선생님이란 직업이 이렇게 힘들구나! 그냥 만만해 보였는데……'

이가현 어머니

날씨: 실내에서 배드민턴 하는 나에겐 너무도 따뜻하지만 더운 날씨다.

사랑하는 나의 큰딸 가현이에게

엄만 계절이 가고 오는 것에 무심해져 버린 것처럼 추운지 더운지가 걱정이 될 뿐, 계절이 언제 어떻게 찾아오는지도 모르고 지내는구나. 엄마라는 이유로 욕심만 많아서 항상 남보다 앞서기를 강조하며 내 딸은 무조건 다 할 수 있을 거라 생각하며 따라 주기만 바라는 그런 엄마가 요즘은 우리 가현이를 너무 많이 힘들게 하는 것 같구나. 사랑한다며 많이 안아 주지도 못하고 늘 잔소리만 많은 엄마. 작년에 영어 학습지 시작하면서 널 참 많이 힘들게 했지. 지나고 나면 항상 내뱉은 말에 속상해하며 한숨도 쉬지만 쉽게 바뀌지는 않는 성격이 바로 너의 엄마 '임은자'다.

가현아! 엄마는 너를 참 많이 사랑해. 굳이 수량으로 표현하자면 아빠의 사랑에 열 배 더. (아빠가 들으시면 속상해하시겠다.) 언젠가는 엄마 마음을 알아주겠지. 엄마는 맏이라서 힘들고 속상해하는 가현이 모습을 자주 보면서 우리 딸이 언제 저렇게 컸을까. 동생 챙겨 주는 모습을 볼 땐 기특하기도 하고 너무도 의젓해 보이지만 목소리가 너무 애기 같아서 학급 반장 역할을 잘하는지 때론 걱정도 되는구나.

엄마는 가현이 마음속에도 밖으로 표현되지는 않지만 강한 자신감이 있다고 생각한다. 아직은 나타내지는 않지만 언젠가는 또 다른 강한 가현이의 모습이 보일 것 같아 기대가 되기도 한단다. 부디 비뚤지 말고 바르게 자라 줬으면 하는 바람이야. 건강하게 태어나 줘서 고맙고 예쁘게 잘 자라 주어서 고맙고 엄마가 못해 준 것도 많아서 미안해. 우리 딸 공부하느라 모든 게 복잡해 보이지? 앞으로도 계속계속 건강하게 자라 줘. 엄마가 우리 딸 무척 사랑하는 거 알지? 사랑해♡

★ 가현 어머니, 모둠일기 덕에 딸래미 일기 볼 수 있게 되셨지요? 가현이 의젓한 모습으로 학교생활 잘하고 있답니다. 늘 든든한 후원자가 되어 주시는 엄마 아빠 덕분이겠죠?

아무튼 엄마 맘 알지?

차승현

날씨: 날씨가 좋다. 시원하면서 덥고 민들레는 이쪽저쪽 흔들리고 나무는 조금씩 움직이면서 우리에게 맑은 공기를 준다. 참 고맙다. '따뜻하게 해 주어서 고맙다.'

범죄자가 된 나

오늘 학원이 빨리 끝나 네네치킨 앞에 있는 놀이터에서 놀고 있는데 어떤 여자아이가 놀고 있어서 "귀엽네." 하면서 머리를 쓰다듬어 주었다. 근데 여자아이는 피하는 것이다. 근데 옆에 있던 형규가 갑자기 "야 귀여운 여자아이! 근데 쟤 범죄자야." 하면서 나를 이상하게 쳐다봤다. 어떤 한 아줌마가 여자아이를 보면서 "빨리 와." 하면서 나한테 아줌마가 "나쁜 새끼."라고 했다. 내가 왜 이렇게 됐지?

하긴 요즘 세상이 무섭다는데……. 그 아줌마는 내가 나쁜 깡패인 줄 아나 보다. 요즘 세상이 비겁한 세상이다. 억울한 사람들도 많고. 솔직히 내가 의심받을지는 몰랐다. 그 아줌마는 나를 비겁하고 나쁘고 친구들

괴롭히고 동생들 때리는 줄 아나 보다.

그 아줌마가 나를 나쁜 사람으로 보니깐 나는 그 아줌마한테 억울하고 화가 날 수밖에 없다. 오늘이 처음이다. 이렇게 억울할 때가……. 그것도 범죄자까지……. 할 말이 없다. 어차피 날 범죄자로 기억하겠지. 의심 많은 아줌마는 남의 속도 모르고……. 나는 어린애들하고 잘 놀아 주는데……. 화나고 분하다. 분수대처럼 뿜어 나오는 내 화나는 성격.

차승현 어머니

봄이 오나 했는데 벌써 여름이 성큼 다가왔네. 아직 봄옷은 정리도 되지 않았는데 말이야. 난 요즘 화초 기르는 데 폭 빠져 있다. 몰랐던 화초 이름도 하나둘 알아 가는 재미가 정말 좋다. 오늘 화초 하나가 우리 집에 이사 왔다. 이름은 '엘레강스.' 정말 이름처럼 멋지고 예쁜 화초다. 잘 기르고 싶다. 오늘 북평장에 가서 고추 모종을 열 개나 사 가지고 왔다. 작은 텃밭을 일구어 고추를 심었다. 마음이 너무 뿌듯하다. 매일매일 물 주고 풀 뽑아 주고 이야기 해 주면 무럭무럭 자라겠지. 생각만 해도 입가에 웃음이 머문다.

우리 아이들도 화초나 고추 모종처럼 어루만져 주고 칭찬해 주면 티 없이 맑게 자라겠지. 그날이 빨리 왔으면…….

한마디 더, 승현이 글은 읽어 보았다. 너무 속상한 내용이었다. 우리 승현이가 아이들을 정말 좋아한다. 사촌 동생과 정말 잘 놀아 주고……. 그 아줌마가 승현이의 마음을 몰라주다니 너무 속상하다. 승현아 너무 속상해 하지 마. 엄마는 승현이 마음을 다 알고 있으니…….

✿ 작은 생명 소중히 싹 틔워 내는 일에 빠져 있는 승현 엄마. 마음이 같이 포근해져요. 그러게요. 우리 아이들도 관심과 사랑이라는 손길로 크고 깊어지는 것 같아요.

김호섭

날씨: 오늘도 역시 요놈의 햇빛과 더위가 날 공격해 왔다. 슝슝슝. "이놈의 더위를 때려잡아!"(1박2일 송을 좀 바꾼 거예요.) 할 만큼 더웠다. 우씨, 짜증나는 더위다. 처키의 본성을 드러내 볼까? 이 더위와 햇빛아!

장수풍뎅이

2007년에 아버지께서 사 주신 장수풍뎅이 애벌레가 벌써 다 큰 장수풍뎅이가 되어서 지금은 나갈려고 발버둥 친다. 동생 현섭이 거는 너무 늦는다. 아직도 번데기다. 내 것은 수컷이고 현섭이 거는 암컷이다. 이 와중에 내 다 큰 장수풍뎅이 관찰 쇼. 나가려고 발버둥을 치다가 뒤로 콰당! 또 발버둥 치다가 또 넘어지고 이번엔 일어나지 못하고 발을 획획 내젓지만 헛수고다. 좀 귀엽기도 하다. 한 번 만져 보고 싶지만 어머니가 안 된다 하셨다. 오래오래 살아라.

김호섭 어머니

아들, 김호섭! 글씨가 그게 뭐니? 수십 번 글씨를 예쁘게 좀 쓰라고 했는데……. 휴! 지렁이가 친구 먹자 하겠다. 널 낳아 준 이 엄마도 도통 모르겠는데 선생님은 오죽할까? 안 된다 하지 말고 무조건 열심히 노력해

봐. 그럼 언젠간 글씨가 예뻐지겠지. 글씨도 예쁘게 쓰고 공부도 놀기도 열심히! 엄마는 좀 적당히 놀리고. 점점 갈수록 심해진다.

아들! 우리 아들은 착하니 더 할 말이 없다. 아무튼 엄마 맘 알지? 널 많이 사랑한다는걸.

✦ 호섭이 글씨가 맘에 안 드시나 봐요. 저는 좋은데. 반듯하고 크고 시원스러워 보여요. 음, 호섭이는 나름대로 학교생활 열심히 잘하고 있답니다.

박조한

날씨: 아침 7시 13분에 일어나니 집 안이 더 덥다. 창문으로 밖을 보니 해가 구름 사이로 살짝 가려졌다. "왜 이렇게 덥지?" 하고 중간 방에 있는 보일러를 보니 30도에 맞춰져 있었다. "그러니까 덥지."

박상혁

오늘 상혁이와 싸움을 했다. 5교시부터 6교시까지 체육을 했다. 남자는 축구를 하는데 상혁이가 저쪽 팀이었다. 나는 필사적으로 공을 차고 막았다. 그런데 축구를 하다가 내가 실수로 상혁이의 웃옷을 잡아끌어서 공은 막았지만 박상혁이

"개새끼야, 왜 잡아끄냐."

"축구할 때 가끔 일어날 수 있는 거지."

나는 말을 했다. 박상혁이 "그러면 맞짱 뜰래?" 하고 대답을 했다. 나는 사실 박상혁이 짜증나고 유치했다.

후반전이 끝나고 우리는 조혜원 아빠에게 인사하고 교실로 가는 도중

에 상혁이가 갑자기 내 목을 조르더니 나를 마구 걷어찼다. 그래서 나도 상혁이의 얼굴을 주먹으로 강하게 때렸다. 그리고 계속 주먹으로만 때렸다. 아이들이 우리를 막았다.

느낌: "박상혁아 충고 하나 하는데 저번에 너가 승현이하고 호식을 밟은 거 말 안 하려고 했는데 너는 같은 친구인데 그렇게 친구를 무시하면 너는 아이들한테 미움을 받게 될 거야. 지금부터 정신 차려라."

박조한 아버지

날씨: 화창한 봄 날씨 속에 만발하여 자태를 뽐내고 핀 꽃들이 서로 잘 어울려 조화롭게 된 날.

사랑하는 나의 아들 조한이에게
– 아빠가 조한이에게 늘 강조하고 싶은 말
친구들과 사이좋게 지내고, 어려운 친구가 있으면 많이 도와주고 잘난 사람보다 좀 못난 사람을 더 많이 배려해 주는 그런 조한이었으면 한다. 모든 운동은 하나의 스포츠 게임이지만 정정당당히 게임에 임하고 끝날 때 웃으면서 악수하는 스포츠맨이었으면 좋겠다. 서로 이해하고, 옛말 '미운 놈에게 떡 하나 더 준다.'를 생각하며 잘 지내길 바란다.
– 운동도 좋지만 공부도 중요한 것
최선을 다하는 조한이 되어 주길 바라고, 이기적인 면도 많은데 조금씩 베풀 줄도 아는 그런 조한이길 바란다. 친구들과 서로서로 좋은 추억이 되길. 5학년 때 마지막으로 간직할 추억을 많이 만들어 주길 아빠는 바란다. 건강하게 씩씩하게 잘 자라 줘서 고맙고 항상 아빠는 조한이의 버팀목이 되도록 노력할게. 엄마도 마찬가지. 우리 조한이 사랑한다.

★ 조한이가 운동도 잘하고 전교 부회장이고 공부도 잘해서 아이들이나 저나 기대치가 있어요. 그런데 가끔……. 하지만 의젓하고 정의롭고 우스개 소리를 하며 너스레를 떨 때도 있어요. 그런 모습이 좋답니다.

5월 9일 (금)
새삼 어린 시절이 떠오른다

이호준

날씨: 오늘 날씨는 해가 쨍쨍했다. 하지만 바람이 조금 불었다. 그래도 운동할 때는 시원하다.

매운 떡볶이

오늘 아침에 할머니가 떡볶이를 해 주셨다. 맛있어 보였는데 그게 아니었다. 왜냐 떡볶이 양념을 너무 많이 해 가지고 너무 매웠다. 그래서 내가 할머니한테 말했다.

"할머니 무슨 떡볶이가 이렇게 매워?"

"당연히 떡볶이가 매워야지."라고 말했다.

아, 떡볶이가 너무 매웠다. 이렇게 매운 떡볶이가 있다니 생각도 못했다. 아 너무 맵다. 할머니는 음식을 잘하는데 왜 음식의 뭐라고 해야 되나. 뭐가 있는데, 아! 음식의 맛이다. 다음에는 제발 좀 제대로 된 음식을 해 주세요. 하지만 아빠가 모둠일기를 써 주셔야 되는데…….

✦ 다음 번에 아빠의 모둠일기 기대할게. 간단히라도 써 주시면 호준이가 힘이 나겠지? 호준이의 멋진 아빠, 자상한 아빠를 글로 만날 수 있기를……

이재건

날씨: 오늘 역시 더웠다. 여름인가 보다. 난 너무 여름이 싫기도 하고 좋기도 하다. 싫은 점은 너무 덥고, 살이 까맣게 타기 때문이고 땀이 많이 나기 때문이다. 좋은 점 여름방학이 있어서이고, 시원한 바다나 해수욕장에 놀러 가기 때문이다.

모둠일기

오늘은 드디어 내가 모둠일기를 쓸 차례다. 며칠 전부터 기다리고 기다렸는데 내가 쓰려고 하니까 너무 부담이 된다. 그리고 다른 애들 일기랑 애들 부모님이 쓴 것을 읽어 보니 재미있다. 역시 우리 반 선생님은 아이디어가 좋다. 그런데 엄마가 일기를 잘 쓸까?

이재건 어머니

날씨: 구름이 잔뜩 낀 하늘을 보니 내 마음도 역시 무겁기만 하다. 구름 뒤에 숨겨진 무언가를 애타게 기다리는 마음으로 하루 종일 하늘을 올려다본다.

새삼스레 어린 시절이 떠오른다. 내가 초등학교 5학년 때 우리 부모님의 모습, 내가 다녔던 학교의 모습, 친구들의 모습, 선생님의 모습, 교실에서의 왁자지껄한 수업 시간, 운동장을 뛰어다니며 쫓고 쫓기는 남자아이들과 여자아이들의 실랑이 하는 모습, 그리고 내 모습……. 촌스러웠던 모습에 웃음이 나기도 하고 모든 아이들이 스스로 생활 방식을 터득하고 문제 해결을 해 나가는 모습에 기특한 생각도 든다.

내가 처음 이성을 생각하고 느끼기 시작한 것이 5학년 때가 아니었던가 되새겨 본다. 삼삼오오 남자아이들과 여자아이들이 짝을 맞추어 수영장에 놀러 가 처음엔 부끄러움에 몸을 숨기고 피해 다니다가 시간이 약이 되어 어느새 물을 튀기며 서로에게 물을 먹이려 공격을 하고 편을 나누어 수영 시합을 하고 훌쩍 흘러버린 시간을 원망하며 각자의 집으로 가는 길을 아쉬워했던 게 기억난다.

지금 우리 아들 재건이가 열두 살, 그때 그 시절 나와 같은 나이에 있다. 우리 아들이 지금 무엇을 느끼고 무엇을 하고 싶어 하고 무엇에 관심이 있고 무엇이 고민인 줄 잘 모르고 있다. 내 어릴 적과 많이 달라진 요즘 아이들의 생활 모습, 언어 속에서 생각도 많이 다를 것이란 편견이 앞선다. 엄마의 눈으로 곁에서 지켜보노라면 마냥 어린애 같기만 한 모습에 내 아들만은 순진하고 착한 아이일 거라고 믿게 되는 마법에 걸린다. 엄마의 눈 밖에선 친구들과 싸우기도 하고 짓궂은 장난도 치고 동생을 울리기도 하고 때론 거짓말도 할 텐데 말이다. 가끔은 아들에게 학교생활에 대해, 이성 친구에 대해 엄마 아빠에 대한 요즘 생각에 대해 물어보지만 아무런 대답이 없는 아들에게서 또 한 번 무던함을 느낀다.

재건아! 엄마 아빠도 너처럼 태어나서 너와 같은 시간들을 조금은 다른 모습이지만 보냈단다. 지금보다는 소홀한 부모님의 보살핌 속에서 부모님의 사랑만큼은 세상에서 가장 크게 느끼며 내가 할 일은 스스로 해 나가려 노력했단다. 엄마 아빠의 열두 살 시절에 비하면 우리 재건이는 너무나 스스로 강하지 못한 것 같다. 그래서 때로는 안타까울 때가 있다. 많은 실수와 실패가 따른다 해도 재건이가 엄마 아빠께 의지하지 않고 스스로 생각하고 판단하여 결론을 내려 행동에 옮겨 볼 줄도 알았으면 하고 바란다. 한번쯤 꾸중을 듣더라도 내 주장을 내세울 줄 아는 자기 고집도 지녔으면 한다.

재건아! 엄마 아빠는 누구보다도 우리 아들 재건이를 믿는단다. 재건이가 엄마 아빠를 사랑하는 만큼 재건이를 사랑하고 재건이가 엄마 아빠를 의지하는 만큼 재건이를 의지하며 살아간단다. 재건이 자는 모습에서 생활의 피로를 풀고 재건이의 땀 흘리는 모습에서 생활의 힘을 얻고 재건이의 웃는 모습에서 인생의 행복을 느끼며 하루하루를 소중히 여기며 살아간단다. 재건이에게 바라고 싶은 게 있다면 그 시절에 맞는 시간을 살기 바라며 세상을 밝고 긍정적인 눈으로 변함없이 바라봐 주기를 바란다. 재건아! 세상은 아름답단다.

✦ 재건 어머니 어렸을 적 모습을 그려 보게 되었습니다. 참으로 밝고 따뜻했던, 소중한 어린 시절의 추억을 갖고 계시네요. 어느 부모나 모두 마찬가지이듯 재건이도 부모님에게는 더없이 소중하고 사랑스런 아들이겠지요. 학교생활도 반듯하게 잘하고 있습니다. 동무들과 사이좋게 지내고 자기 생각이 뚜렷이 있고 좌우로 치우치지 않게 잘 생활합니다. 아름다운 세상, 재건이도 그 한가운데서 하루하루 잘 엮어 나가고 있지 싶어요.

김성수

날씨: 하늘이 맑고 선선하여서 무엇을 해도 좋았지만 저녁에는 몹시 추웠다.

학원 이모

학원이 끝나고 집에 들어오니까 전화가 와서 받아 보았더니 아빠가

"야, 집 밖에 나와."

"왜? 어디 가?"

"학원에 이모 집 가자."

"응."

나는 밖으로 나갔다. 가고 있는데 아빠가 갑자기 차를 세웠다. 난

"아빠 여기다가 왜 차 세워?"

"그런 게 있어."

아빠는 아빠 친구를 태워 이모 집으로 간다.

이모 집에 도착했다. 나는

"안녕하세요."

"응, 성수 왔네."

아빠가 "뭐, 벌써 불 때나?"

난 "뭐 먹는데?"

"옻닭."

"응."

방에서 밥 먹으라고 이모가 계속 말했지만 나는 텔레비전만 보았다. 이모가

"야 성수 계속 안 오면 때린다."

"안 돼요."

"내가 차에서는 못 때려도 여기서는 때릴 수 있어."라고 하여서 결국 먹었다. 다 먹고

"안녕히 계세요."

"응, 잘가."

정말 즐거웠다.

　오늘도 힘들게 일하고 친구와 술 한잔하고 집에 오니 우리 성수 녀석 "아빠 일기 써야 돼." 하는군요. "뭔 소리야?" 하고 묻자 아들 녀석 공책 내밀며 "이런 거야." 하는군요. 공책을 넘기며 읽어 보니 다른 가족들이 생활하는 것이 조금은 보이는 것 같습니다. 전 그렇게 하지도 못하는데 잘 자라 주는 성수를 보니 참 말문이 막힙니다. 못난 애비 밑에 자라는 아들놈, 선생님이 잘 다독거려 사람 되게 해 주세요. 아들놈 맡겨 놓고 찾아 뵙지도 못하고 죄송합니다. 기회가 되면 담에 또 펜을 들지요. 항상 감사드리며, 안녕히 계세요.

✿ 성수 아버지께

　성수 웃는 얼굴이 참 귀엽죠? 아빠를 닮았으면 아빠 얼굴을 대충 연상해 볼 수 있겠지요? (전학 올 때 뵌 것 같은데 통 기억이 안 나네요.) 성수가 학교생활은 나름대로 잘하고 있어요. 가끔 빼먹거나 잊을 때도 있지만 그 정도 실수는 있을 수 있지요. 성수가 혼자이다 보니까 집에서 보내는 시간을 잘 활용해야 할 것 같아요. 컴퓨터 게임 너무 많이 하지 않도록 잘 챙겨 주세요. 아무튼 구김살 없이 잘 자라고 있는 성수입니다.

아빠는 아들을 사랑한데이

최철호

날씨: 비가 내리고 밖이 추운 것처럼 내 마음도 춥다.

형 때문에

오늘 피아노를 끝내고 집에 가서 놀려고 했다. 그런데 집 창문틀에 열쇠를 넣고 갔는데 창문이 잠겨 있었다. 나는 옆집 정수네에서 엄마한테 전화를 했다. 일 층에서 삼십 분을 기다렸는데 안 오셔서 이십 분 더 기다려도 안 오셔서 또 정수네 집에서 전화를 했다. 다시 내려가서 기다렸다. 십 분이 더 지나서야 오셨다.

엄마께서 열쇠를 주지 않고 그냥 차에 타라고 하셨다. 학원에는 형이 있었다. 그래서 그 원한을 선생님께 말씀드렸다. 선생님은 "아유, 우리 철호 불쌍하다 자 오백 원." "아 선생님 뭐예요, 절 나쁜 사람으로 만들고." "아직도 열 받아? 그럼 또." 선생님께서는 또 오백 원을 주셨다. 그때 옆에 있던 주원이가 자신도 달라고 했다. 선생님은 공부나 하라고 하셨다. 한 시간 동안 추웠지만 천 원을 벌었다.

✦ 그럼 그 열쇠는 형이 가져간 거 였니?

✿ 아니요, 창문틀에 있어요. (철호)

최철호 아버지

날씨: 비.

아침 출근길, 세차게 내리는 비. 아들과 아침부터 우산 땜시 실랑이를 한 후라 마음이 쓰인다. 매번 흘리고 다니는 버릇에, 우산을 학원에 두고 깜빡! 이 녀석 건망증이라니. 그 벌로 접혀지지 않는 낡은 우산을 주었더니, 이 녀석 말없이 덥석 받아 들고 휑하니 가 버린다.

사무실 한 켠, 커피 한 잔 드리워 창밖을 보니 내리는 비는 그칠 줄 모르고. 혼자 미안한 마음에…… 아들아! 아빠 미안하게 만들지 말어! 네 물건 잘 챙기구, 알았지? 아빠는 항상 아들을 사랑한데이♡

✦ 철호 참 잘 잊지요? 그나마 요즘은 좀 덜한데 한땐 정말 심각하더라고요. 요즘엔 참 많이 의젓해요. 할 일도 잘하고요. 무엇보다 착해서 좋아요. 지난번 착한 어린이 상도 받을 만큼요.

김연주

날씨: 많이 쌀쌀했고 비도 왔다.

휴대폰이 갖고 싶어요

오늘은 청소를 도와주는데 휴대폰 갖고 있는 아이를 보았어요. 슬라이드에 조금 큰 검은색 휴대폰이었는데 그게 너무나도 탐이 나고 갖고 싶었어요. 요즘에 교문 밖에 나서면 1학년, 2학년, 3학년, 4학년 아이들이 가지고 있는 것도 많이 보아요. 그걸 볼 때마다 이런 생각이 들어요. '와, 휴대폰이네. 쟤 부모님은 휴대폰도 사 주고 좋겠다. 우리 부모님은 안 사 주시는데……' 나도 지금은 있지만 그건 정지가 되어 있어서 별 의미가 없는 것 같아요.

엄마! 아빠! 제발 부탁인데요. 휴대폰 사 주시면 안 될까요? 요금도 많이 안 나가게 하고 관리도 잘 할게요. 우리 반에도 조혜원, 함호식, 박상혁, 김나영, 박다빈, 한홍비, 김성수 이런 애들이 가지고 있단 말이에요. 부모님께 잘 보일게요. 전에도 아빠가 말 잘 들으면 사 주신다고 해서 말 잘 듣고 있었는데요. 궁금해서 언제 사 주시냐고 물어보니깐 6학년 졸업식에 사 주신다고 갑자기 또 바꾸셔서 울컥했어요. 그때면 나만 없을 텐데……. 언니한테 물어보니 언니는 된다고 했어요. 제발 부탁이에요. 네? 알겠죠? 사 주세요.

김연주 어머니

엄마, 휴대폰! 돌아요 돌아 엄마가!

"휴대폰 사 주세요 엄마!" 오늘도 학교에서 나보다 어린 친구가 휴대폰 가지고 있었다며 잊을 만하면……. 휴대폰 한 달째. 엄마도 힘들다. 연주랑 휴대폰 때문에 싸우는 거. 휴대폰이 갖고 싶은 연주 맘 모르는 건 아니지만 너 말처럼 급한 일, 위험한 일 생각하면 해 주고 싶지. 그래도 안 돼요! 휴대폰을 사 주는 것이 문제가 아니란다. 한 달 사용할 휴대폰 요금, 지금 연주 나이에 맞지 않는 큰 금액인데 우리 딸이 돈의 가치를 알지 못하면 어쩌나. 그것이 휴대폰을 사 줄 수 없는 가장 큰 이유인 것 같다. 학교 끝나면 학원에서 널 지켜 줄 거고 끝나면 태권도에서 널 지켜 줄 거지. 전화하고 싶고 하고 싶은 말 있거든 마음속에 다 채워 두었다가 집에 도착하자마자 엄마한테 다 쏟아 놓는 것 어떨까? 약속! 다 들어 줄게 엄마가!

근데 정말 휴대폰을 갖고 싶다면 언니처럼 하는 건 어떨까? 언니는 엄마 아빠가 사 준 거 아니란다. 너 기억 안 나니? 용돈 모아 모아서 산 거잖아. 연주도 한번 해 보면 어때? 너가 모아서 산 거라면 더 애착이 가고 더 소중하게 다룰 것이고 돈의 소중함도 느끼게 될 것이고……. 이제 휴대폰 얘기 한참 뒤로 미루어 두면 안 될까?

선생님! 안녕하세요. 어제 집안 행사로 노래방을 갔습니다. 연주 노래 솜씨에 갑자기 자랑이 하고 싶어지네요. 제가 연주 팬이 되었잖아요. 연주 노래짱! 살찐 것에 의기소침해 있는 딸에게 너도 잘하는 것이 있다고 용기 주고 싶어서 몇 자 적었어요. 선생님도 용기 좀 주세요.

✤ 휴대폰, 쉽게 결정할 일이 아니지 싶어요. 남이 갖고 있기 때문에 나도 가져야 하는 건 아니지요. 저는 제 아이에게 중학교 지나 고등학교 지난 뒤에나 생각해 볼 것 같아요. 연주, 학교 생활 열심히 잘하고 있어요. 발표 잘하고 공부 시간에 집중력도 좋아요.

✿ 연주 어머님! 저는 채은 엄마예요. 안녕하세요. 휴대폰 정말 문제가 있는 것 같아요. 게임은 말하나 마나고요. 요즘 중학생, 고등학생들이 휴대폰으로 뭐 하는 줄 아세요? 끝말잇기 해요. 참 어찌된 건지……. 물론 모두 그런 건 아니지만 끝말잇기는 좀 충격이었어요. 스스로 컨트롤 할 수 있는 나이가 되었을 때 사 주는 게 좋지 않을까 생각해요. 저도 그럴 생각이랍니다. 그때가 언제가 될는지……. (채은 엄마)

김재재

날씨: 비가 아침부터 밤까지 계속 내린다. 내일 그치면 좋겠다.

책 만들기와 학원

오늘 책 만들어 오는 날이다. 하지만 못 해 왔다. 그래서 빨간 딱지 세 개를 받고 벌을 섰다. 벌을 받으면서 생각했다. '놀지 말고 숙제를 했으면 이렇게 되진 않았을 텐데…….' 학교 끝나고 내가 한 일에 대해 쓰고 집에 갔다. 그리고 〈하울의 움직이는 성〉을 보았다. 좀 보다가 '이러면 안 되지 책을 만들어야 하는데…….' 그래서 하울의 집 이사할 때 껐다. 그리고 학원에 갔다. 그런데 진이가 학원을 따라간다고 했다. 비 오는데 진이까지 데리고 가다니 이건 정말 최악이다. 그리고 학원에서 진이가 계속 쫓아오고 달라붙고 해서 공부를 못 했다. 그런데 진이가 자서 다행이었다. 그리고 엄마를 불러서 진이를 데리고 집으로 갔다. 진이 때문에 공부를 잘 못 했다. 진이가 있을 때는 몰래 가야 되겠다.

김재재 어머니

날씨: 오랜만에 비 님이 오셔서 먼지 쌓인 내 차와 세상을 깨끗하게 선명하게 해 주는 좋은 날.

비, 고기, 동생

아침, 오늘 재재와 일터 체험 하기로 한 날인데 갑자기 새벽에 동생들이 아픈 바람에 내일로 미뤘다. 재재에게 미안하기도 했지만 숙제를 다 안 해서 화를 냈다.

아이들 챙기고 집안일 해 놓고 남편과 함께 병원을 갔다. 비가 내렸다. 난 비를 좋아한다. 하지만 아이들과 있을 땐 우산도 들어야 하고 아이들 가방도 들어야 하기 때문에 불편하고 힘들다.

소아과, 안과, 일반외과, 진료가 끝나니 12시 30분. 애들 아빠가 점심을 먹으러 가자고 했다. 고기집에 가니 아는 얼굴들이 몇몇 보였다. 여자들은 없고 다 남자들만 있었다. 고기가 사르르르 육즙이 우러나오면서 입안을 채웠다. 우리끼리 먹으니까 큰 애들한테 미안했다. 다 데리고 다음에 또 와야지 생각했다. 막내 때문에 밥이 코로 들어가는지 입으로 들어가는지 몰랐다. 나중에는 주인 아저씨가 잠깐 데려가서 잠시 편안히 먹었다.

오늘은 남편과 있어 편하지만 혼자 있을 땐 지친다. 재재도 아이가 한 명 있는 집에 태어났다면 사랑을 독차지 할 텐데……. 재재에게 미안하다. 그리고 엄마가 아주아주 보송이 보송이 항상 사랑한단다. 이 세상 어느 곳에서도 찾아볼 수 없는 소중한 나의 하나밖에 없는 재재. 엄마가 못 챙겨 주고 얘기 많이 안 해도 조금 이해해 주렴. 항상 밝고 건강하고 씩씩하게 자라길 바란다. 안녕.

5학년 1반 파이팅. 주순영 선생님 고맙고 고맙습니다.

★ 아이들 어릴 땐 식당가서 먹는 일이 참 힘들지요. 아무튼 어린 아이들 키우시면서 직장 생활 하시는 재재 어머니. 대단하십니다. 좋은 일만 가득하시길…….

5월 14일(수)
겨우 숙제를 다했다

김지민

날씨: 아침에는 조금 쌀쌀했고 오후가 되니 날씨가 점점 따뜻해졌다.

여러 사람의 모습이 찍힌 사진

이번 주 목요일, 그러니까 내일 준비물로 여러 사람의 모습이 찍힌 사진이 필요하다. 미술책 16~19쪽까지 '사람들'이라는 내용을 배우는데 책에는 여러 사람들의 모습을 그리거나 만들어 놓았다. 우리 반은 여러 사람들의 모습을 그림으로 그린다고 했다. 먼저 놀이터로 가 보았다. 놀이터에는 사람들이 별로 없었다. 그래서 시내에 엄마랑 같이 갔다.

사진기를 들고 다니다 보니 파를 파는 할머니가 파를 다듬고 계셨다. 엄마가 "사진 한 장 찍어도 될까요?" 했더니 할머니께서는 괜찮다고 하셨다. 할머니께서는 나에게 파를 한 움큼 쥐어 주며 "너도 손질해 봐." 하셨다. 나는 "전 별로……." 했다. 인심 좋은 할머니께서 내 숙제를 도와주시니 고마웠다. 사진을 찍고 '가고파 사진관'에 가서 사진을 뽑아 달라고 했다. 사진이 나오는 게 신기했다. 사진도 선명하니 좋았다. 내일 미술, 여러 사람의 모습 그리기가 기대된다.

김지민 어머니

그래, 지민아! 숙제 자료 때문에 엄마랑 단둘이 시내로 데이트를 갔었지? 엄마랑 사진 찍으러 가자고 할 때 지민이가 너무 좋아했어. 그래서 엄마도 기분이 좋았단다. 요즘 우리 지민이하고 둘만의 시간을 많이 갖지 못했는데 오늘 시장을 다니면서 잠깐이지만 활기차고 인정이 넘치는 우리 주변의 많은 삶의 모습을 보면서 무엇을 느꼈는지 그림으로 잘 표현하길 바란다. 다음에도 더 좋은 추억 많이 만들자.

★ 지민이가 요즘 예습 복습하는 것에 습관이 들었나 봐요. 참 열심히 잘하고 있지요?

황주환

날씨: 해가 내리쬔다.
미친 소 수입

내일이면 미국에서 수입한 미친 소가 온다. 아, 기분 열라 잡쳤어. 대통령 잘못 뽑은 거야, 으이그. 대통령 선거할 때 이명박을 뽑고 나서는 후회하고 쌀값도 오르고 이제 육식동물로 변한 미친 소. 이명박을 왜 뽑아. 우리 엄마는 이명박은 나쁜 놈이라고 했는데 이젠 맹박이 시대구만. 아주

시대가 이상한 쪽으로 돌아가고 있으니 사람들도 점점 미쳐 가고 자살하는 사람이 늘고 있으니 우리 나라가 망하는 건 시간 문제야. 내가 맹박이한테 하고 싶은 말은 "맹박아 미친 소 니나 다 쳐 먹어라." 빨리 대통령 자리에서 밀쳐 내고 새 대통령을 뽑아야 해. 웬만하면 성실한 사람으로 뽑으면 우리 나라는 망하지 않고 평화로운 세상이 될 텐데.

맹박이 그놈은 광우병에 걸렸는데도 안 걸렸다 생각하고 정상으로 살고 있지만, 나중엔 머리에 구멍이 뚫려서 죽겠지만 빨리 죽어서 미친 소 수입을 막아야만 한다. 막지 않으면 광우병으로 온 세상 사람들이 광우병으로 인해 곧 죽게 될 텐데 맹박이는 신경도 안 쓰나? 소는 원래 초식동물이야 육식동물로 하면 안 돼지. 그러니까 소들이 미쳐 버리는 거야. 사료도 주고 쯧쯧.

그리고 우등반하고 하등반으로 갈리면 내 친구들도 갈리잖아. 공부 잘하는 사람은 잘하는 사람끼리 어울리고 공부 못하는 사람은 못하는 사람끼리 어울리고. 그건 말이 안 돼. 이제 우리 나라 어떻게 하나 망할 날짜가 곧 찾아오겠구나. 마지막 이명박한테 하고 싶은 말 맹박이 죽어라!

황주환 어머니

사랑하는 주환아! 엄만 놀랬어. 우리 주환이가 이렇게 일기를 잘 쓴 거 보고. 엄만 대충 썼겠지 했는데 나라 걱정, 사람 걱정하고…… 어린애인 줄만 알았는데 너무 기특하다. 그런데 주환아, 그래도 대통령인데 욕을 하면 안 되잖아. 대통령이 잘했다는 건 아냐. 하지만 우리 나라 최고 어른이잖아. 그런 문제는 어른들한테 맡기고 우리 아들은 씩씩하고 건강하게 자라길 바란다. 엄마는 주환이가 누구 미워하고 나쁜 말 하고 그러는 거 정말 싫어. 주환이 마음은 알겠는데 그런 문제는 어른들한테 맡기자. 알았지?

마지막으로 주환이한테 하고 싶은 말은 엄마가 많이 미안해. 일하느라 혜지나 주환이 잘 못 챙겨서. 하지만 우리 주환이가 엄마를 이해해 주길 바란다. 직장 생활 하다 보면 내 맘 같지 않게 늦고 술도 좀 마시게 된단다. 주환이가 어른이 되면 엄마를 조금이나마 이해하게 될 거야. 동생하고도 싸우지 않고 건강하게 학교생활 잘하길 바란다. 공부도 좀 신경 쓰고 게임은 조금씩. 엄만 황주환 믿는다. 사랑해 아주 많이.

✦ 주환이 엄마가 쓰시는 모둠일기라 신경 써서 일기 열심히 썼네요. 맨 앞에 쓴 채은이 글 보고 영향 받은 건 아니겠죠. 하기야 주환이 컴퓨터 많이 하니까 이런 사실들을 많이 알게 되나 봐요. 요즘 십 대들의 반란, 굉장하잖아요. 주환 어머니, 아무튼 다음 기회에 만나서 많은 이야기 나누길 기대해 봅니다.

김형래

날씨: 신문에서 오늘 새벽 네 시에 평창에 눈이 왔다고 했다. 그래서 '우리도 춥겠지?' 하고 긴팔 옷을 입었다. 그런데 너무 덥지도 않고 춥지도 않았다.

숙제가 너무 많다

숙제가 다른 날엔 없고 오늘만 많다. 사회 숙제는 '이웃 도시'이다. 그래서 아빠한테도 물어보고 인터넷도 마구 찾아서 겨우 다 했다. 하지만 또 문제가 있다. 사진을 찾아야 된다. 그래서 나는 서랍, 항아리 다 찾아

보아도 없었다. 결국 무서운 2층에 올라가서 사진을 찾았다. 겨우 숙제를 다했다. 너무 힘든 하루였다.

김형래 어머니

날씨: 맑음.

선생님 아이들 셋을 키우며 살았지만 연속 담임이라는 신기록을 세우셨군요. 처음에는 적응이 잘 되지 않았는데 몇 개월 지난 지금은 단점보다 장점이 많은 걸 느낍니다. 으레 일 년이 지나면 새로운 선생님, 친구, 교실로 인식했고 절차라 생각했거든요.

2년 차가 된 지금 아이들의 모습을 돌이켜 보면, 4학년 때에 적응이 빠르고, 늦은 일부 아이들은 삼 년간의 교육 방식을 벗어나지 못해서 힘들어 하는 부분이 많았어요. 특히 우리 형래요. 자유분방 그 자체였죠. 느슨해 있던 이 엄마는 초긴장 상태였고요. 그래서 그나마 4학년이 다 끝났으니 다행이라는 마음도 있었어요. 한데 이게 왠일입니까? 걱정 많았어요. 너무 솔직한 우리 형래, 엄마 마음을 선생님께 몽땅 전달하구…….

하지만 지금은 생각이 많이 다르답니다. 5학년 1반 아이들 지켜보다 보면 다른 반 아이들과 확연한 차이가 있더군요. 맑고 밝고 솔직하고 당당하고 싸우고도 멋있게 화해하고 선생님의 교육 방식이 아이들을 이렇게 변화시켰나 봐요. 특히 표현력들이 일품이더라고요. 천방지축 아이들을 이렇게 변화시키시다니 진심으로 감사드립니다. 혹시 압니까? 다음 학년에서도…….　그땐 기꺼이 즐거운 마음으로 환영할 겁니다. 힘들고 새로운 일 많이 생기는 나날이지만 건강 유의하시고 끝까지 우리 아이들을 책임져 주십시오. 앞장서진 못하지만 언제나 응원 보냅니다.

추신: 감기 몸살은 다 나으셨는지요? 처음엔 어떻게 이 노트에 글을 쓰나 걱정했는데 쓰다 보니 좋으네요. 앞에 부모님들께서 쓰신 글 보고 사실 주눅이 들었거든요.

★ 요즘 부모님들 모둠일기를 보면서 참으로 가까이 더 다가가는 게 무엇인지 배우고 있답니다. 형래 어머니, 저에게 이렇게 큰 힘 주셔서 고맙습니다. 이 사랑스런 아이들과 하루하루 같이 할 수 있다는 게 제게는 더없는 복이랍니다.

우리는 운명처럼 다시 만났다

4학년 마치면서 우리 반은 학급 마무리 잔치를 준비했다. 학급 회의에서 날짜와 내용을 결정하고 아이들은 틈날 때마다 준비했다. 초대장도 만들고 교실과 복도에 작품을 걸어 색다른 분위기를 만들었다. 사실 문제는 장소였다. 공연을 하려면 무대가 크고 넓어야 하는데 우리 반만 들어가서 공연하기에 알맞은 장소가 학교엔 없었다. 어쩔 수 없이 교실에 책상을 모두 바깥으로 빼고 무대를 꾸몄다. 한 달 넘게 준비하고 연습하는 내내 우리는 행복했다. 일 년을 한 식구로 살아온 아이들을 떠나보내는 건, 교사들에겐 늘 슬픈 이별이다. 종업식날 아이들이 모두 떠난 빈 교실에서 눈물 훔치는 일은 해마다 되풀이되는 일…….

10시 조금 넘어 영채 아빠와 할머니가 교실 문을 열고 들어오셨다. 10시 30분에 시작인데 영채가 시간을 잘못 알려드렸나 보다. 연습할 게 더 있어서 하고 있었지만 그냥 들어와 계시라고 하는데도 굳이 나가서 기다린다고 하셨다. 보셔도 괜찮은데…….

아이들 모두 화장실을 다녀온 뒤에 발표회를 시작했다. 아기를 안고 온 재재 엄마, 혜원이 할머니와 아빠, 홍비 아빠, 연주 아빠, 선호 누나 둘, 형래 엄마가 들어오신다. 혜원이가 오늘 사회자다. 아이들 발표할 것은 모두 열일곱 가지. 어제 혜원이더러 하나하나 소개할 말을 모두 써서 준비해 오라고 했더니 아주 야무지게 해 왔다.

첫 번째로 우리 반 모두가 참여하는 '리듬 합주'로 막을 열었다. 율동(캐럴송), 시 낭송, 노래(독창, 중창), 바이올린과 플루트 연주, 태권도, 연극, 피아노 연주, 춤(치어댄스, 텔미), 리코더 연주 그리고 마지막으로 다 같이 노래(한 번쯤 우리 얘기에도, 이제부터 우리, 아빠의 흰머리: 모두 〈우리 아이들〉에 나온 노래)를 부르는 것으로 막을 내렸다.

아이들은 진지하게 또 약간은 흥분한 채 열심히 발표를 했다. 나도 얼굴이 어느 순간 벌겋게 달아올랐다. 열기가 뜨거워서 창문을 열었다. 많은 부모님들이 사진을 찍고 웃으며 손뼉을 치신다.

발표를 모두 마치고 내가 인사말을 했다.

"오늘 많이 와 주셔서 고맙습니다. 오늘 부모님들의 귀하고 사랑스런 아이들의 모습을 보셨습니다. 이것을 준비하면서 아이들은 많이 즐거워했습니다. 오늘 보신 이 모습은 아이들이 가진 재능의 작은 한 부분에 지나지 않습니다. 올해 아이들이 교실에서 글쓰기를 하고 교과 공부를 하고 노래하고 부대끼며 배우고 익힌 것들은 눈에 보이지는 않지만 훨씬 더 값지고 소중한 것들이 많습니다. 아이들과 올한 해 행복하게 잘 지냈습니다. 고맙습니다."

부모님 가운데 세 분이 말씀해 주셨다. 조한 엄마, 영채 아빠, 혜원 아빠. 그 가운데 혜원 아빠는 '가장 인상 깊었던 것은 마지막 다 같이 노래 부를 때였다. 아이들이 세 줄로 섰는데 뒤에 있는 아이가 안 보여 사진에 어떻게 담을까 걱정했는데 노래가 바뀔 때마다 뒷줄이 다시 앞줄이 되고 차례로 모두 앞에 서서 노래하는 것을 보았다. 이것이 주순영 선생님의 철학을 보여 준 것이다. 고맙다.' 뭐 이런 말씀이었다. 내 얼굴이 더 뻘개졌다. 아예 확확 달아올랐다.

　다 같이 '그대에게'에 맞추어 치어댄스를 신나게 췄다. 그리고 부모님들이 준비해 오신 다과를 나누었다. 전화 한 통 하지 않았는데 귤이 다섯 상자, 떡, 음료, 과자 이렇게나 많이 준비해 오셨다. 세상에나……. 바쁘신 분들은 가시고 나머지는 모두 같이 둘러앉아 떡과 과일을 나누었다. 아빠들이 많이 오셔서 좋았다. 아빠가 한 일곱 분, 어머니, 고모, 할머니, 누나, 어쨌건 모두 서른 명이었다. 이렇게 관심이 많구나, 이렇게 자식 학교생활을 보고 싶어 하시는구나. 이렇게 많이 오실 줄 알았으면 좀 더 신경 쓸걸……. 아냐 충분했어. 욕심내지 말아야지. 내년에 좀 더 자주 이렇게 부모님들을 모시는 자리를 마련해야겠다. (2007년 12월 27일)

하지만 이렇게 마무리 잔치를 하고 헤어졌건만…….
우린, 다음 해 운명처럼 또 만난 거였다. 하하하!

5월 15일(목)
공포의 모둠일기 다시 오다

박다빈

날씨: 아침엔 좀 쌀쌀했는데 낮이 되니까 화창해서 좋았다.

그렇게 말했건만

'드디어 엄마가 모둠일기를……' 하고 좋아했는데……. 어제 사랑하는 뭐 이런 걸 붙이지 말라고 했는데 엄마가 안 한다고 했는데 '사랑해 다빈아'를 붙였다. 그렇게 말했건만 앞에 있는 글을 읽어 보시더니 결국 쓰고 말았다. (사랑해 다빈아는 따라 써 본 것이다.) 엄마도 원숭인가? (따라쟁이) 따라 하지 말랬는데……. 그래도 써 줬으니 다행이지. 또 안 썼으면 큰일 날 뻔했다. 아참, 그리고 진짜 평소에나 사랑해 주지 웬 글로만 사랑해야? 진짜 너무하네…….

★ 하하하, 다빈이 정말! 하기야 평소 행동으로 사랑해야지 그치? 그렇지만 글이 마음의 표현
    이란 것 알지?

날씨: 화창한 봄 햇살이 내리쬐는 따뜻한 날.

아침에 다빈이와 같이 약국에 출근을 했다. 오늘이 부모 일터 체험 하기로 정해진 날이기 때문이다. 민혁이만 내려 주고 오려니, 택시 꽁무니만 쳐다보고 있는 민혁이가 좀 안쓰럽기도 했다. 그것도 잠시, 출근하자마자 하루의 일과가 시작됐다. 가끔씩 약국에 왔어도 오늘은 느낌이 다른가 보다. 궁금한 게 많은지 이것저것 물어보고 귀찮기도 했다. 오후가 되면서 반복되는 업무에 지친 듯 지루해한다. 잠시 짬을 내어 은행에 가서 다빈이와 민혁이의 적금 통장도 만들었다. 용돈을 모으지 못하고 다 써 버리는 다빈이의 낭비벽을 좀 고칠 수 있을지 기대된다.

현재 용돈 금액이 민혁이 오만오천 원, 다빈이 이만오천 원. 민혁이 몰래 자기 통장에 넣어 달랜다. 그러게 좀 아껴쓰지. 다음부턴 통장을 보면서 반성하겠지. 암, 그래야지.

항상 모든 일에 열심히, 최선을 다하는 다빈이 모습이 대견하고 기특하다. 앞으로도 더 밝고 씩씩하게 자라길 바란다. 사랑해, 다빈아♡

★ 다빈이가 정말 무엇이든 열심히 하려는 모습이 기특하죠? 부모님 모둠일기도 제일 먼저 쓰겠다고 당당하게 가져간 욕심 많은 다빈이랍니다. 부모님이 팍팍 밀어주시면 다빈이 잘 해낼 거예요.

날씨: 스승의 날이어서 그런지 날씨가 좋았다. 여름에도 이런 날씨였으면…….

편지 대소동

오늘 아침부터 참 소란스러웠다. 스승의 날 편지를 안 써서 엄마가 쓰라고 잔소리를 했기 때문이다. 할 수 없이 난 예쁜 편지지를 꺼내서 '부드드' 떠는 내 손으로 아주 정성을 담아서 쓰고 있었다. 근데 갑자기 엄마는 "앞에 이 '안녕하세요.'가 뭐니?" "그럼 지우면 되잖아." "지금 지울 시간 없어."라며 편지지를 새로 꺼내서 쓰게 했다. 난 "내가 알아서 쓸게."라며 또다시 "안녕하세요."를 썼더니 엄마는 또 새 편지지를 꺼내 주었다. 난 "종이 아깝게 왜 그래?"라고 했다. 그리고 또 종이 낭비할까 봐 할 수 없이 엄마가 하라는 "고마운 선생님께."라고 썼다. 하여튼 난 엄마를 못 이긴다. 그리고 편지를 다 쓰니깐 "이게 뭐냐?"라며 반을 싹 지웠다. 좀 짜증 났다. 편지는 내가 내 맘대로 쓰는 건데……. 그래서 몇 줄은 엄마가 불러 줬다. 그 편지 쓰느라고 셔틀버스 놓칠 뻔하였다. 그리고 왠지 엄마가 이 글 쓴 부분을 찢을 것 같다. 찢지 마 엄마. 편지 쓰니 뿌듯.

김민지 어머니

야! 김민지야. 너 할 말 안 할 말 가려서 해라. 선생님께서 이 글 보시면 뭐라 하시겠니? 정말 찢고 싶다. 이유는 너도 창피, 나도 창피하니깐. 스승의 날인데 선생님께 따뜻한 편지를 드리면 얼마나 선생님의 마음이 뿌듯하고, 또 너를 지도하는 보람을 느끼시겠니. 엄마는 당연히 너가 쓴 줄 알았지. 아침에 실망했어. '안녕하세요.'가 뭐니, 맨날 뵙고 오면서. 넌 좋은 말, 칭찬에 인색해. 내 딸이지만 마음에 안 들어. 엄만 어릴 때부터 잘

웃고 인사 잘한다고 동네 어른들께서 많이 귀여워해 주셨는데.

버스 놓치면 걸어가면 되지 뭐 불만. 너 머릿속에 들어갔다 오고 싶다. 뭔 생각들로 가득 찼는지. 엄마는 너가 충분히 할 수 있는 딸인데 성의가 없고 노력이 부족할 때만 혼낸다고 생각해. 오늘도 예외는 아니야. 공부도 물론 잘하면 좋지만 학교 가서 친구들이랑 아무런 문제없이 두루두루 잘 지내고 (혹 화가 나더라도 양보하고, 이것도 힘들면 무시하라 했지.) 항상 너가 밝게 지냈음 좋겠어. 그리고 학교에서 있었던 얘기를 엄마한테 잘 하지 않는데 (선생님 얘기 말고 친구들 얘기) 좋은 얘기든 나쁜 얘기든 조금씩만 해 줘.

엄마는 우리 딸을 믿어. 아무리 생각해도 창피해. 우리 같이 창피 떨자. 그리도 쓸 글이 없네. 갑자기 민지 일곱 살에 쓴 일기가 생각나. 쌍용아파트 살 때, 바다 한가운데 배 한 척이 있었어. 너가 표현을 어떻게 했냐면 '하얀 종이배가 떠 있는 것 같다.' 했어. 그리고 베란다에 나가서 바다를 자주 봤어. 이때는 엄마 생각에 우리 딸이 시인이 되는 줄 알았는데……. 지금은 표현력 부족. 책도 좀 더 읽고 너 스스로 마음을 다스려 보면 일기가 아닌 민지가 지은 멋진 책으로 변신하지 않을까 싶네. 엄마의 생각.

모둠일기 첫 시작이 저란 부담감에 두서없이 써 내려가다 보니 제 신세타령한 것만 같아 부끄럽네요. 글을 쓰고 오늘 한 번 읽어 봤거든요. 오늘이 스승의 날인데 새끼를 맡겨 놓고 식사도 한 번 제대로 대접할 수도 없는 현실이 이상하기만 해요. 감사하다는 말은 마음으로 항상 갖고 있습니다. 편지를 민지가 당연히 써 놓은 줄 알았는데 아침에 물어보니 안 써 났다길래 제가 혼을 내면서 바쁜 가운데 마음만 쓰다 보니 민지의 글처럼 되어 버렸어요. 창피해서 글을 못 쓰겠네요.

이렇게 해야만 앞으로 학교생활에서 스승의 날은 선생님께 편지라도 잊지 않고 쓸 것 같았어요. 다들 딸 하나라서 편하겠다 하는데 신경이 얘한테 가 있다 보니 저 자신한테 짜증이 날 때가 간혹 있어요. 이제 좀 컸다고 잔소리도 듣지 않으려 하고 대답도 본인이 내켜야 하구. 저는 항상 민지가 컸다 하면서도 일곱 살 때나 지금이나 제 마음은 딸을 대하는 게 똑같다는 걸 느꼈어요. 이유는 앞에 몇 친구들의 글을 보고서예요. 너무나 솔직하고 본인 할 말을 글로써 확실히 표현할 수 있다는 걸 보고 당당함을 느꼈어요. 선생님! 개성파 아가씨, 총각들을 지도하느라 힘드시겠어요. 숨김보다는 좋은 것 같아요.

전 이런 글을 쓰면서 선생님께 바라는 게 있습니다. 우리 어른도 인간인지라 미운 사람, 좋은 사람 있습니다. 애들은 더 하겠지요. 서로 감정이 있다면 선생님께서 원만히 잘 해결될 수 있게 도와주시길 바랍니다. 전 애들 싸움이 어른 싸움이 되어 시끄러운 얘기를 몇 년 전에 타 학교에서 봤습니다. 제가 너무 심각한 것 같아 죄송합니다. 이런 글을 쓰면서 5학년 아이들의 세계는 어떠한가를 잠시 볼 수 있는 기회를 주셔서 감사합니다. 우리 민지에게 자유를 많이 줬다 싶었는데 자유보단 강요를 많이 한 것 같아요. 우리 엄마들이 줄 수 없는 자유를 선생님께서 많이 주세요. 오늘은 캔 맥주 안 마시고 커피 한 잔이에요. 크크 두서없는 글 읽어 주셔서 감사합니다. ―민지 엄마 올림

✦ 민지 어머니께

그러게요. 자식 이기는 부모 없다는데 민지 일기 보면 자식이 부모한테 지고 사네요. 요즘 보면 민지가 엄마와 동등해지려고 몸부림치네요. 곧 상황이 역전되지 않을까 싶어요. 더욱 당당하고 야물어 가는 민지, 대견합니다.

날씨: 오늘 아침에 축구부 연습하는데 입술, 혀가 다 말랐다. 집에 물 가지러 갈려고 했는데 그럼 때문에 안 갔다. 하지만 재건이 덕분에 물 마실 수 있었다. 왜냐하면 재건이가 물을 주었기 때문이다. 오늘은 날씨가 너무 덥다.

기대되는 일터 체험

내일 드디어 일터 체험 날이다. 새벽에 일어나긴 하지만 정말 재미있을 것 같다. 나는 몇 번씩이나 오늘 간 동생한테 "재미있어?" 계속 물어봤다. 제발 내일 재미있었으면 좋겠다. 놀러 가는 것은 아니지만 왠지 놀러 가는 느낌이 난다. 내일 정말 어떨까? 재미있을까? 재미없을까? 정말 기대된다. 내일 보고서 쓰는 것은 힘들겠지만 정말 기대된다.

영래 안녕! 아빠다. 내일 아침이면 아빠랑 출근하는데 아빠는 걱정이 앞서는구나. 영래가 생각하는 만큼이나 기대되는 회사가 아니라서 말이야. 하지만 나름대로 유익하고 재미난 날이 되었으면 한다. 언제나 어리광스러운 영래가 아빠 회사 체험하러 온다니 한편으론 아빠도 기대가 되는구나. 내일 혹시 아빠가 신경을 못 쓰게 될지 몰라서 미리 말할게. 메모지 꼭 준비하고 궁금한 점이나 질문하고 싶은 말 있으면 메모해 두었다가 질문하면 좋을 듯싶구나.

영래! 내일 기상 시간은 아침 5시 30분. 회사 출근시간은 6시 10분까지. 늦잠 자면 안 돼. 내일은 아빠와 영래가 살아온 날 중에서 가장 행복한 날, 좋은 날 되자.

장채은

날씨: 덥지도 춥지도 않은 이상한 날씨.

미술 숙제와 다른 애들 일기

미술 숙제를 했다. 그건 뭐냐면 '인물 자세히 그리기'이다. 난 인물이
많은 것을 골랐다. 그런데 너무 어렵다. 흰색 콩콩이가 더 나은데……. 지
금 너무 졸리다. 그래도 뒤에 애들이 길게 쓰려면 좀 길게 해야 될 것 같
다. 오늘 그림 그리는 도중 영래랑 장난을 쳤다. 그리고 소현이 그림에 한
눈팔다가 오 분을 빼앗긴 일 인. 아 진짜 미술 숙제 힘이 든다. 난 게다가
연필 쥐면 힘이 꽉 들어가는데 말이다. 난 너무 어려운 걸 택했다. 방금
졸았다. 내일 합창 어떡하지? 그건 그렇고 미술 숙제 너무 어렵다. 지금
은 11시 30분 아직 미완성이다. 어느 세월에 다하니!

다른 애들 일기 보니 석민이는 그냥 형식, 유라는 엄마에게, 혜원이도
평소 형식, 연주는 편지를, 주환이는 광우병에 대해 썼다. 이 일기를 보면
친구들 마음, 생활을 볼 수 있어서 좋은 것 같다. 정말 이 모둠일기를 쓰
면 빨리 내 차례가 와서 애들 일기를 보고 싶다. 그런데 어른들은 우리 엄

마가 맨 처음에 나한테 썼더니, 다른 사람들도 딸, 아들한테 썼다. 그럼 앞사람이 선생님께 쓰면 다 선생님? 그건 아니겠지. 본론으로 돌아가서 애들 일기는 각자 다른 생활을 보는 것 같아서 재밌다. 재밌기도 하지만 쓰고 나면 왠지 엄마가 뭘 쓸지 기대된다. 그러고 보니 선생님이 오늘 '행복은 성적순이 아니잖아요.' 표를 달고 왔다. 그거에 대해 쓸 걸 그랬나? 내일, 아니 다음 주가 기다려지는 모둠일기.

★ 진짜 어려운 그림에 도전했어. 그래도 오늘 잘해 갖고 왔더라. 수고했어.

장채은 어머니

공포의 모둠일기 나에게로 다시 오다

지난 주 5월 6일 10시가 훨씬 넘은 밤에 현관문을 열고 들어오는데 바닥에 쪽지 편지와 공책이 놓여져 있었다. '엄마 읽어 보시고 뒷장에 엄마도 써 주세요 꼭!' 하고 적혀 있었다. '참 선생님도 별걸 다 하라시네.' 하며 딸의 일기를 읽는 순간 참 기가 막히고 막막해서 대체 이런 아이한테 무슨 말을 해야 할까 고민하다 '에이, 그냥 자자.' 하고 잠자리에 들었다. 아침에 눈을 뜨자마자

"채은아, 그거 꼭 써야 되는 거야?"

"네. 꼭 써야 돼요. 아직 안 쓰셨어요?" 묻는다.

딸의 체면을 생각해서 부랴부랴 몇 자 적어 보냈는데 그걸로 끝이 아니었다. 다시 돌아온 모둠일기.

엄마: 끝이 아니었어? 계속 해야 하는 거야?

채은: 네. 계속 하는 거예요.

엄마: 아빠가 쓰시면 되겠네.

채은: 다른 애들은 아빠가 쓰셨는데 아빠도 관심 좀 가져 봐요.

아빠: ……

다시 내게로 돌아온 모둠일기장. 왠지 내용이 궁금해 꼼꼼히 읽어 보았다. 공개 수업 때도 느낀 거지만 아이들의 글, 참 순수하고 재미있다. 때 묻지 않은 순수한 마음이 느껴져 훈훈하다. 부모님의 마음은 다 비슷하다는 걸 느낄 수 있었다. 걱정하고 잔소리하고 때로는 감정 섞인 말로 혼을 내도 그 안에 자식에 대한 사랑의 마음은 변함이 없다는 걸 아이들은 알까? 잠들어 있는 모습을 내려다보며 사랑한다 속삭이고 나보다 더 잘되길 기도하는 부모 마음을 알까?

"커서 니 같은 딸 낳아 키워 봐라. 그때 되면 엄마 마음 알 거다." 하셨던 우리 엄마 말씀이 귀에 쟁쟁하다. 그래, 자식을 낳아 키워 보지 않고서는 그 마음 다 헤아릴 수 없을 거다. 중국 쓰촨성의 지진 현장에서 어린 자녀를 살리기 위해 무너지는 건물 더미를 몸으로 막으며 목숨을 잃은 부모 이야기를 인터넷에서 보았다. 부모는 이렇게 자식을 위해 목숨까지도 아끼지 않고 내어놓을 수 있단다. 왜냐면 부모니까. 내 자식을 내 몸보다 더 사랑하는 부모니까. 사랑해, 우리 예쁜 딸!

선생님!

처음 모둠일기장을 받았을 때 다른 부모님들도 보신다는 생각을 하니 좀 더 잘 써야 될 것 같고 부담되고 글재주도 없는데 다 뽀록날 것 같고 참 황당했어요. "니네 선생님 참 특이하시다."며 투덜대기도 했지요. 막상 다시 받아 보니 너무 좋네요. 부담이 없는 건 아니지만 일기장을 통해 선생님과 다른 부모님들과 아이들이 더 가깝게 느껴져요. 다 같이 모여 단합 대회라도 하면 참 재미있을 것 같기도 하고요. 오늘이 스승의 날인데 감사의 마음을 이렇게 전합니다. 감사합니다.

✦ 채은 어머니 고맙습니다. 부모님들이 써 주시는 모둠일기 덕분에 저도 많은 걸 얻고 있습니다. 아이들과 부모님들과 교사가 한자리에서 마음을 나눌 수 있는 것이 가능한 일이네요. 일기장 한 권 다 쓰면 다른 모둠의 일기를 뒤에 붙일 겁니다. 다른 모둠 부모님의 일기도 함께 보실 수 있게 하려고요.

조혜원

날씨: 오늘 아침에 일어나 커튼을 걷어 보니 햇빛이 훤히 비치는 게 좋았다. 더울 줄 알았는데 긴팔을 입고 갔어도 덥지가 않았다.

여러 사람의 모습 그리기

오늘 1, 2교시 미술 시간에 여러 사람의 모습 그리기를 했다. 난 휴대폰에 어떤 아줌마가 계란을 팔고 한 남자 손님이 계란을 고르는 모습을 찍어 갔다. 다른 친구들도 각자 자기가 준비해 온 그림들을 가지고 열심히 그렸다. 근데 내가 가져간 사진이 계란 부분에 빛을 너무 많이 받아서 선명하게 보이지가 않았다. 다른 친구들은 잘 그렸는데 난 잘 안 보여서 그림 그리는데 큰 지장이 있었다. 선생님께서 "혜원아 다음엔 꼭 선명한 거 가져와." "네." 난 어쩔 수 없이 있는 그림 그대로 그려서 냈다. 다음에 색칠할 때는 선명하고 진한 걸로 가져가기로 마음먹었다. 사진 제대로 된 거 안 가져갔던 게 너무 후회가 됐다.

날씨: 일어나서 베란다에 커피 한 잔을 들고 나가 삼척 시내를 내려다보면서 하늘의 빛을 온몸으로 받는다. 와, 정말 맑은 날이구나!

스승의 날, 기억에 남아 있는 짧은 이야기

1. 중학교 2학년 5반 담임 선생님이셨던 '김동섭' 선생님. 배고픔을 경험하던 시절, 육상부였기에 공부보다는 운동선수로 알려지던 시절이다. 가정방문 오셨던 선생님께서 며칠 뒤 커다란 쌀 배달 자전거에 쌀 한 가마니를 가지고 오셨다. 박봉이었을 텐데 어려운 우리 살림 걱정을 해 주셨다. 그리고 많은 격려와 사랑도 듬뿍 남겨 주셨다. 지금 내게 배우고자 하는 학생들에게 강사가 아닌 선생님, 스승이 되고자 하는 마음가짐도 아마 김 선생님을 비롯한 여러 고마우신 선생님들 덕분이 아닐까 한다. 물론 선생님과 스승님에 대한 판단은 훗날 제자들이 할 것이지만…….

2. 삼척고 3학년 안성택. 중학교 삼 년을 학원에 다녔지만 여전히 나를 감동시키는 녀석이다. 성적은 매우 좋지 않지만 마음가짐과 행동은 정말 바른 학생이다. 늘 밝게 인사하고 자전거를 타고 가다 나를 만나면 얼른 내려서 반갑게 알은체해 주고 부모님께도 성심껏 예의를 갖추고……. 비록 꼴찌에 가까운 성적이더라도 항상 열심히 생활하는 성택이가 오늘도 꽃 한 송이 들고 찾아와 나를 놀래킨다. '행복이 성적순이 아니다.'라면 성택이 같은 맑고 바른 학생이 멋진 사회인이 되어야 할 것이고 그렇게 믿고 싶다.

3. '좋은 스승, 좋은 제자' 이 단어를 읽는 것만으로도 따뜻해지는 마음을 느낄 수 있다. 완성이 아닌 미완성의 아이들에게 부모님이나 가족으로부터 배우거나 경험하지 못하는 것들을 일깨워 주시며 희망에 관하여,

미래에 관하여 나침반이 되어 주시는 그런 분들은, 비록 교편을 잡고 있지 않더라도 우리들에게 좋은 스승이다. 스펀지처럼 주변의 모든 것을 흡수하고 주변에 쉽게 때를 타는 우리 아이들에겐 좋은 스승보다는 좋은 제자의 모습을 부모가 보여 주어야 한다. 이웃을 배려하고 성적만큼 다른 것도 중요한 것이 있음을 알려 주고 그런 것을 몸소 배워 가는 부모의 모습에서 우리 아이들은 그대로 부모의 모습을 흡수한다. 스펀지처럼……. ―좋은 스승과 좋은 제자이고 싶은 혜원 아빠 조원희

✦ 불행하게도 제게는 학교 다닐 때 선생님들 가운데 존경스러웠거나 소중한 기억을 주신 분이 한 분도 없습니다. 오히려 세상에 나와서 그런 분들을 많이 만났지요. 좋은 선생님이 되고 싶은 마음 한결같이 품고 삽니다. 어제 뮤지컬 <까르페 디엠>을 보는데 왠지 우리 반 아이들이 떠올려지면서 눈물이 났습니다. 아들이 내 무릎에 앉았는데도 한참을 조용히 울었습니다.

5월 16일(금)
바다야 미안해 정말로

고소현

날씨: 진짜 따분하고 귀찮고 '왜 이렇게 시간이 안 가나.' 할 정도로 지루하고 할 게 없었던 5월 16일. 오늘 승현이가 두꺼운 옷을 입고 왔었다. 선생님이 "어? 승현이는 겨울옷, 썬미는 여름옷이네. 승현이 안 덥냐?"라고 말했다. 승현이는 "전 추운데요." 그러기에 '승현이가 추위를 많이 타는구나.' 하고 생각했는데 오후엔 쌀쌀해서 '역시 사람은 추위 다 타는군. 에스키모는 어떻게 추위를 버틸까?' 하고 생각했다.

바다

엄마는 퇴근하자마자 나를 미술학원에 데려다주었다. "다녀와." "응." 내일 '망상 바다 그림 그리기 대회'가 있어서 오늘은 부지런히 미술 학원에서 연습하기로 했다. 뭐 미술 선생님은 그림을 보고 "잘했다." 한마디만 해 주시고 좋은 아이디어를 낼 수 있게 도와주셨지 고생은 내가 다한 것 같다.

다른 아이들이 그린 그림을 보니까 거의 더럽고 지저분한 바다가 주제였다. 속상했다. 생각해 보면 바다가 이렇게 된 이유가 사람들 때문이다. 삼성의 기름 유출 (지금은 태안이 나아지고 있지만) 바다에서 놀다가 치우지 않고 그냥 가는 사람이 대부분이다. 저번 어린이날 해양 경비함을 다 둘러보고 나올 때 직원 아줌마가 책받침을 주셨는데 큰 글씨로 '암컷 대게는 잡지도 팔지도 먹지도 맙시다! 암컷 대게와 어린 대게는 잡지 못하도록 되어 있습니다!'라고 적혀 있었다. 얼마나 많이 잡았으면……. 바다한테 미안했다. "정말 미안해. 정말로."

고소현 어머니

그냥 눈물 날 것 같은 날

걱정거리는 걱정으로 끝나는 게 아니라 현실로 나타난다는 게 무섭다. 그래도 오늘 행사가 조용히, 잘 치러져서 고마웠다. '닭, 오리고기 소비 촉진을 위한 기관 단체장 시식회!'

가끔 그런 생각을 한다. 나와 공무원은 정말 어울리지 않는다는……. 나처럼 감정적인 사람이……. 삼계탕을 먹다 거의 남겼다. 죽만 죽어라 하고 먹었지만 이럴 땐 먹어도 먹어도 계속 늘어나는 느낌이다.

'소현이의 부모 직장 체험' 때문에 저녁 내내 실랑이를 벌이고 오후에 와서 근무하는 모습을 살피라고 했다. 사무실에서 하는 늘상 반복되는 일상들, 문서를 만들고 전화를 받아 부서별로 업무 협조를 하고, 그런 일들에 익숙해져 있는 우리는 이젠 지겹단 생각도 없는데, 오후 몇 시간 와 있는 아이는 지루하다고 투덜대며 6시가 된 걸 너무 좋아라 반긴다.

소현이를 학원에 데려다주고 간 곳은 회식 장소. 오늘은 점심에 삼계탕, 저녁에 오리고기다. 우쩨 이런 일이……. 중국 자매결연 도시 방문을 위해 출국하는 과장님의 은근 자랑하는 모습. 우와, 나도 출세하고 싶다. 그래도 내가 계장이 되고, 과장이 되면 내 모습은 다를 테지. 내가 말하지 않아도 내게서 풍겨나는 사람 냄새에 사람들이 모일 테지…….

　지금 나는 취중이다. 소현이가 모둠일기를 쓰라며 일기장을 내미는데, 저번 모둠일기를 썼을 때 신랑 하는 말 "뭐 일기를 그렇게 짧게 쓰나!" "댁이 쓰시지!" 나를 잘 알고, 내 고민을 잘 알아주는 사무실 직원. 친정 오빠의 친구라 그런지 의지가 많이 된다. "오늘 딸 보니까 스스로 알아서 잘할 것 같네. 잔소리하지 말아라." 그런다. 알지. 언제부턴가 소현이에겐 믿음이 간다. 그리고 소현이에겐 많은 격려가 필요하단 생각이 든다.

　나는 종교를 갖고 있진 않다. 소현이 옛 어린이집 원장 선생님의 말씀이다. 아마도 어디선가 들은 말씀일 테지만. "아이들은 여러분, 부모님의 소유물이 아니다. 하느님이 주신 선물이다. 잘 가르치고 키워야 한다." 간혹 난 그런 착각을 한다. 아이들의 주인이 나라는, 마치 애완견처럼, 아닌데 그건…….

　오늘 일기는 주정은 아닙니다. 그냥 넋두리라고 할까요?

✦ 소현 어머니, 소현인 충분히 스스로 잘해 나갈 수 있는 아이랍니다. 이상한 것은, 스스로 잘
　해 나갈 능력이 있는 아이거나 그저 옆에서 북돋아 주기만 하면 되는 아이의 부모님들 욕심
　이 지나치다는 겁니다. 더 잘해 주기를 바라는 부모 마음이겠지만, 있는 그대로 인정하고
　격려해 주는 것만으로도 충분히 제 앞가림 해 나갈 것입니다. 우리에게 안겨 주신 이 소중
　한 선물들을 귀하게 여겨야겠지요.

날씨: 생활하기에 딱 맞다.

일터 체험

내일 아빠와 일터 체험을 하러 간다. 아빠가 하시는 대리점에서 하루 일과를 같이 하게 될 것이다. 나는 대충 아빠가 무엇을 할 것인지 알고 있다. 8시 30분에 사무실에 출근해서 거래처에 갈 제품들을 체크해서 차에 싣고 각 거래처를 방문해서 진열해 주는 일을 하게 될 것이다. 아빠는 내일 열심히, 재미있게 좋은 체험을 하자고 말씀하셨다.

그런데 나한테는 좋은 추억이 될지 모르겠다. 그 무거운 화장지와 기저귀들을 어떻게 들고 나르란 말인가? 안 그래도 나는 뼈가 약해서 힘을 잘 못 쓰는데…… 어쨌든 이왕하기로 했으니 열심히 아빠를 도와드려야겠다.

일단 학교를 안 가니까 내일이 기대된다. 엄마는 일하는 것보다 공부하는 것이 누워서 떡 먹기라고 하신다. 정말 그 말이 맞는지 내일 확인해봐야겠다.

함호식 어머니

우리 아들 호식아! 평소에도 아들아 하고 많이 불러 보긴 했지만 오늘따라 더 정겹게 느껴진다. 평소에 호식이는 엄마와 성격이 많이 달라서 어쩌면 호식이가 많이 힘들었을지도 모른다는 생각이 든다. 행동 좀 빨리 해라, 책상 위에 이게 뭐냐 정리정돈 좀 잘해라, 글씨는 또 이게 뭐냐,

글은 왜 이러니 등등……. 수없이 많은 잔소리를 반복하면서 정작 칭찬에는 너무 인색했던 것 같아 미안해진다. 엄마가 막상 너에게 글을 쓰려고 하니 무슨 말을 어떻게 써야 할지 생각이 잘 안 나고 해서 잠깐 동안이나마 너의 입장을 이해해 보았어. 미안해! 그런데 호식아! 엄마는 네가 뭐든지 척척 잘해 나가는 척척박사가 되라는 게 아니야. 매사에 성의껏, 좀 더 최선을 다해 주기를 바랄 뿐이지. 좀 더 자신감을 갖고 씩씩하게 생활해 가는 호식이 모습을 보여 줬으면 좋겠어. 그래도 친구들과 두루두루 친하게 지내는 모습을 보니 너무 보기 좋더라. 엄마는 호식이가 내 아들이어서 그런지 몰라도 참 예쁘고 노래도 잘하고 춤도 잘 추고 비트박스도 잘하고……. 언제 친구들 앞에서 너의 재주를 한 번 보여 줘. 친구들이 못하는 것을 할 줄 아는 게 바로 재주야.

세상에서 공부하는 게 제일 어렵고 힘들다고 생각하는 우리 아들! 내일 아빠 회사 일터 체험에서 제발이지 그 생각을 바꾸기를 바란다. 다른 부모님도 다 그렇겠지만 자식을 데리고 직접 일을 나서는 일이 처음인지라 한편으로는 너무 힘들어서 쉽게 지치지는 않을까 하는 걱정과 다른 한편으로는 어떤 것이든지 한 가지는 얻을 수 있지 않을까 하는 기대감 등이 이 엄마를 너무 설레게 한다. 아들아! 엄마는 내일 일터 체험에서 부모님이 얼마나 고생하는지를 알아봐 달라는 것이 아니야. 얼마나 열심히 사는지, 또 얼마나 최선을 다하는지 보아 달라는 거다. 아무튼 내일이 즐겁고 뜻깊은 기억으로 남을 그런 날이 될 수 있길 이 엄마는 바라고, 또 그렇게 우리 함께 만들어 보자. 바르고 건강하게 커 줘서 엄마는 고맙고 우리 항상 세상을 사랑이 가득한 눈으로 바라보며 살자. 그러면 항상 행복할 거야. 호식이가 엄마 많이 사랑하는 만큼 엄마도 호식이를 곱으로 사랑해. 힘내라 아들아! 사랑한다!

❀ 호식이가 엄마, 아빠를 따라 하루 일터 체험을 아주 제대로 하고 왔네요. 막연하게 여기고 있었던 부모님의 힘든 노동을 호식이가 구체적으로 경험하면서 소중한 것을 깨달은 것 같습니다. 체험 보고서를 보니 일보다 공부가 더 쉽다고 했네요. 호식이 이제 공부 열심히 할 것 같아요. 그치요?

이유라

날씨: 해.

저녁을 먹는데 엄마께서 점심 때 어떤 반찬이 나왔냐고 물어보셨다. 요즘 우리 부모님은 학교 급식 반찬에 대해 무척 궁금해 하신다. 쇠고기와 닭고기는 당분간 먹지 말라고 하셨다. 나는 무엇이든지 다 먹고 싶은데……. 아토피 때문에 내가 못 먹는 음식이 많아 짜증난다. 다른 친구들처럼 아무거나 먹었으면 좋겠다. 기름에 튀긴 음식과 밀가루, 우유, 치킨, 피자도 못 먹어서 불만이다. 삼척에 이사 와서 물이 안 좋아 연수기를 달았는데 지금 내 몸이 가렵지 않다. 긁지 않는데 왜 못 먹게 하는 걸까? 병에 걸린 닭고기와 소고기는 정말 싫다.

이유라 어머니

언제부터인지 먹을거리조차 맘 놓고 먹을 수 없게 된 현실이 서글프고 속상하다. 요즘은 연일 텔레비전에서 광우병, 조류 인플루엔자 같은 식탁을 위협하는 불안한 보도뿐이어서 엄마도 답답하단다.

유라가 먹는 문제로 엄마와 늘 부딪치곤 했지. 어릴 때 아토피가 너무 심해 얼굴에서 피, 진물이 난 적이 있어 무섭고 안타까운 마음에 네게 못 먹는 음식만 끊임없이 주문했단다. 많이 미안하고 가슴 아프다. 너의 심각했던 아토피! 내겐 네 생존과 다름없는 문제라 절대 양보할 수 없어 때론 무서운 얼굴로 널 울리기도 했지. 지금은 그때와는 다르게 많이 좋아졌지만 여전히 엄마는 마음을 놓을 수 없다. 조금만 참고 이해해 주렴. 네몸이 스스로 면역력이 생겨 아무 음식이나 먹게 될 때까지 처음 맘 잊지 말고 음식 조절해서 먹자. 어른들이 함부로 버린 쓰레기, 무분별한 건설과 파괴로 지금 우리들 환경은 최악이다. 덜 버리고 덜 먹자. 김치, 된장찌개 잘 먹어 주어서 고맙다.

좋은 하루, 친구들과 즐겁게 생활하렴.

✦ 유라가 뭐든지 잘 먹지요? 그래서 유라가 어렸을 때 그렇게 심한 아토피가 있었는지 전혀 몰랐네요. 이렇게 건강한 몸이 되기까지 신경 많이 쓰셨겠네요. 정말 우리 아이들이 먹는 음식, 어른들이 지켜 줘야 합니다.

이가현

날씨: 밤하늘에는 별이 별로 없다. 그리고 실구름이 달을 가린다. '실구름은 달이 샘나나?'

유라는 다리를 벌리고 있다. 유라는 오늘 치마에다가 쫄바지를 입고 왔다. 되게 예뻤다. 그런데 수업 시간에 다리를 쩌억 벌리고 떨고 있었다. 내가 "유라, 다리 오므려. 여자는 다리 쩍 벌리고 있으면 안 돼!" 했다. 유

라는 아무말 없이 오므렸다. 그러다가 서서히 다리를 벌렸다. '여전히 안
되네…….'

날씨: 아침부터 조금 포근하다가 오후에는 조금 더운 느낌이 들었다.

요즘 아이를 대하는 내 못난 모습에 화날 때가 많다. 까칠한 성격에 아
이에게 상처 주는 말과 동생과 비교하며 아이가 반항하게 하는 말, 아이
의욕을 꺾는 말 등등…….

얼마 전 일이다. 살쪘다고 다이어트 좀 하라고 가슴을 콕콕 찌르는 말
을 해 버렸다. 그래서인지 아이가 저녁을 먹지 않고 과일로 대신하고 있
다. (먹는 속도도 아주 천천히.) 오늘로 나흘째인가? 나와 같이 한 시간씩
걷기도 한다. 안쓰럽기도 하지만 현재까진 각오가 대단한 것 같다. 오늘
저녁엔 너무 많이 걸은 탓인지 다리가 아프단다. 자려고 누운 아이에게
다리를 주물러 줬더니 웃음 많은 우리 딸, 간지럼 많이 탄다.

자녀 교육에 해법은 없다지만 나란 엄마는 아이에게 '사랑한다.'와 '네
능력을 믿는다.'는 두 마디 하기가 왜 이리 어려운지……. 오히려 자녀
교육의 해법에 매달리다 자녀 교육을 망치는 엄마가 되고 있는 것 같다.
자녀 교육에서 가장 중요한 것은 따뜻한 관심과 사랑, 신뢰라는데 같은
문구를 여러 번 반복해서 생각하고 또 생각하지만 쉽지 않은 게 사실이
다. 아니야, 내일은 조금 달라지리라 마음을 달래 보자. '잘할 수 있어.'라
는 최면도 한 번 걸어 보자, 아이가 "엄마가 내 엄마란 게 참 행복해."라
는 말을 스스럼없이 할 때까지 좀 더 노력을 해 보자. 파이팅!

선생님! 사소한 습관의 힘을 길러 주기 위해, 글쓰기의 기본인 일기 쓰기를 생활화하도록 하신 선생님의 처방에 감사드려요. 덕분에 가현이 글쓰기 실력이 많이 늘었습니다.

✦ 가현이가 저녁마다 운동하는군요. 격려하면서 꾸준히 할 수 있도록 함께해 주시면 잘 될 것 같아요. 날씬해진 가현이 모습? 지금 이 모습도 보기 좋은데……. 운동해서 나쁠 건 없으니까 꾸준히 습관 들었으면 좋겠네요. 일기 쓰기도 습관이듯이.

5월 17일(토)
새 운동화 신고 소풍 잘 다녀와

차승현

날씨: 좋다. 해가 동쪽에서 반짝반짝 나온다.

나는 난데 왜 남을 따라할까?

오늘 토요일이다. 빨리 끝나긴 해서 좋긴 하지만 영어 시간이 되면 맨 뒤로 간다. 나는 영어를 못하기 때문이다. 내 친구 석민이랑 같이 앉아 얘기하다가 선생님께 들켰다.

근데 애들이 "영어 시간이 되면 왜 그럴까? 승현이하고 호식이는 석민이 없으면 안 되나 봐." 하고, 선생님은 "맞아." 하셨다. 애들은 "석민이가 다 먹으면 승현이하고 호식이는 버려요." 애들은 나를 비웃었다. 선생님께서는 '나는 나다.'랑 비슷한 자경문을 썼다.

나는 석민이가 전부는 아니다. 석민이는 그냥 학교 친구이자 그냥 친한 것이다. 앞으로 석민이를 따라하지 말아야지. 내 마음으로 정녕 약속해야지……

 승현이가 소풍을 간다기에 운동화를 보니 많이 낡았다. 유독 운동화를 험하게 신으니 얼마 못 가 떨어진다. 소풍 핑계 삼아 운동화를 사 주기로 했다. 이것저것 고르다 보니 문득 내 어린 시절이 생각났다.

 어릴 적 시골에서는 무슨 때가 돼야지 옷이나 운동화 같은 것을 사 주시곤 했지. 요즘 애들은 물건이 너무 흔하니 귀한 줄 모르고 함부로 하는 경향이 있다. 소풍날 운동화라도 하나 받으면 며칠을 잠도 못 잤다. 빨리 소풍날 신고 싶어서. 애들의 들뜨는 그 마음은 옛날이나 지금이나 변함이 없는 것 같다. 승현이도 무척 좋아했다. 새 운동화 신고 소풍 가서 재밌게 놀다 와라.

✦ 아, 봤어요! 소풍 가려고 줄을 섰는데 유난히 승현이 신발이 눈에 들어오더라고요. 새 신발
  이어서 그랬나 봅니다. 어머니 바람대로 새 운동화 신고 즐겁게 다닌 소풍날이었어요. 차
  안에서 맨 뒤에 앉아 너무 떠들어 이름 불릴 정도로 즐겁게요.

아저씨가 잘 찾았는지 모르겠다

공석민

날씨: 서늘해 보인다.

내일 소풍인데 비오면 어떡해?

나는 내일 소풍을 간다. 하지만 오늘 저녁 날씨를 보면 눈 깜짝할 새에 엄청 많은 비가 아빠 차에 두두둑 한다. 그때 내 생각은 오직 소풍이라는 것만 머리에 있었다. 날씨가 화창하면 얼마나 좋겠나. 뛰어놀기도 좋고 밥도 밖에서 먹고, 무조건 날씨에 따라 운명이 결정된다. 소풍은 가서 다행이다만, 그래도 내일 날씨가 맑음이면 좋겠다.

공석민 아버지

석민이, 소풍 간다고? 좋겠네. 아빠도 옛날 생각이 나네. 할머니가 싸

주시던 김밥에 사이다 한 병의 추억!

요즘은 먹을 것이 많지만 그전에는 살기 어려운 집이 많았단다. 소풍 가는 날이면 많이 흥분되었지. 무엇을 해 주실까 하고…… 막상 소풍을 가 보면 다른 친구들도 별 차이 없었단다. 음식 종류가 거의 같았다는 거야. 하지만 요즘은 많이 다르잖아 그치? 석민이도 피자, 햄버거 좋아하잖아. 아빠는 별로지만…….

아무튼 소풍 간다고 좋아하는 석민이가 보기 좋단다. 아빠보고 필요한 것 사 달라고도 할 줄 알고…… 친구들과 재미있게 지내다가 와라. 비가 오지 않도록 아빠가 기도해 줄게. 그러면 비가 오지 않을지 모르지.

요즘 축구 좀 적게 한다며? 다행이야. 친구들과 쾌활하게 지내라. 아빠는 항상 석민이가 즐겁게 지내기를 바라고 있잖니. 소심한 아들이 아닌 호탕한 아들이 되길 바란단다. 소풍 잘 다녀와. 차 타고 가면서 차 안에서 노래도 한 곡 하여라. 아빠가.

✦ 석민이가 가지고 온 일터 체험 보고서를 보고 '아, 참 석민 아빠가 자상한 분이구나.' 했습니다. 물론 석민 아빠가 쓰신 두 번의 모둠일기를 보면서도 그런 생각 들었지만요. 환상의 날씨 덕분에 즐거운 소풍이 되었답니다. 이 날은 학원에 가지 말라 하셨겠죠?

✿ 석민 아빠의 소풍 얘기에 저도 초등학교 6학년 수학여행이 문득 떠오르네요. 아주 가난한 집안의 장녀로 태어나 할 수 있는 것이 많지 않았던 시절, 수학여행 간다고 하니 아버지가 큰맘 먹고 청바지와 점퍼를 사 주셨는데, 오래오래 입으라고 25킬로그램 나가는 제게 허리 29사이즈 바지에 점퍼는 소매를 몇 번을 접어야 입을 수 있는 큰 옷을 사 주셨지요. 친구들이 참 많이 놀렸는데…… 지금도 그 사진을 들춰 보면 가슴 한쪽이 뭉클하답니다. 요즘 애들은 정말 축복받은 애들인 것 같아요. (연주 엄마)

도와준 날

오늘 학원 친구 병웅이와 놀러 가기로 하였지만 병웅이가 나오지 않았다. 그래서 나 혼자 터벅터벅 걷고 있는데 갑자기 휠체어를 탄 아저씨가 나에게 정라초등학교 정문이 어디냐고 해서 나는 "저기 앞에 패밀리 마트에서 꺾고 쭉 가다가 또 꺾으면 어떤 슈퍼가 있는데 거기서 조금만 더 가서 위로 가면 돼요."라고 하니까 그 아저씨는 "그래, 고맙다."라고 하여 나는 살짝 뿌듯하였지만 그 아저씨가 잘 찾아갔는지 모르겠다.

성수야, 미안하다. 일요일인데 같이 놀아 주지 못해서. 성수 혼자 심심하지? 그래도 항상 당당하게 행동해. 터벅터벅이 아닌 씩씩 당당하게 다녀라. 그래야 아빠가 덜 미안하지. 알았지? 성수, 사랑해! 아빠가 잘할게.

★ 혼자 터벅터벅 걸어가고 있는 아들 모습에 짠하셨나 봐요. 한동안 아팠는데, 몸이 아플 땐 마음도 약해지는 법. 곧잘 눈물을 보이던 성수였어요. 성수, 힘내라!

아빠는 날 감동 먹게 한다

이호준

날씨: 오늘 날씨는 맑고 더웠다. 운동을 하면서 더워서 땀범벅이 되었다.

아빠의 일기

오늘 처음 아빠가 모둠일기를 써 주셨다. 아빠가 써 주신 걸 읽어 보니 깐 눈물이 났다. 왜냐하면 일기 끝부분에서 "건강하고, 씩씩하게 자라다오. 아들 사랑한다."는 부분을 읽고 감동을 먹었다. 역시 우리 아빠는 날 감동 먹게 한다. 이 세상에서 아빠가 제일 좋다. 아빠의 첫 번째 모둠일기다. 아빠가 내 차례가 되면 매일 써 주시면 좋겠다.

✯ 그래, 호준아. 나도 정말 좋다. 호준이와 아빠의 일기!

이호준 아버지

날씨: 맑음.

매일 야근, 모처럼 일찍 퇴근을 했다. 오늘따라 아들도 학교에서 일찍 하교를 했다. 아들 얼굴을 보니 마음이 찡했다. 엄마 없이 잘 자라 준 우리 아들 참 대견스럽고 장해 보였다. 아빠로서 특별히 해 준 것도 없이 마음 한구석이 아파 왔다. 언제나 밝고 씩씩한 우리 아들, 앞으로 아빠가 조금 더 노력하는 모습으로 살아갈게. 건강하고 씩씩하게 자라다오. 아들 사랑한다.

★ 호준이가 아빠를 너무도 자랑스럽게 여기고 있답니다. 아빠의 사랑으로, 할머니의 넉넉함으로 우리 호준이 멋지게 잘 자랄 겁니다.

김호섭

날씨: 날씨 쓰기 귀찮다. 뭐 매일 모둠일기도 개인 일기도 더웠다, 맑았다. 참 초여름 맞냐고요. 난 특색 있는 날씨를 쓰고 싶단 말이다. 난 매일 다른 사람과 다른 것 그 사람보다 특색 있는 것을 좋아하는데 이놈의 날씨는 요즘에 비 왔다는 걸 일기장에 쓴 게 세 개쯤 밖에 안 될 것이야! 날씨 너 진짜 매너 없어. 그러지 마라.

파마한 내 동생 현섭이

오늘 저녁에 미용실에 갔다. 가서 나는 숱을 치고 앞머리를 자르고 난 먼저 오고 현섭이는 파마를 하기 때문에 늦게까지 했다. 파마를 하고 집에 온 현섭이 머리를 보고 입이 벌어졌다. 그 이유는 저번보다 훨씬 더 곱슬곱슬하게 머리를 했기 때문이다. 보면 킥킥 웃음도 날 것이다. 어머니는 파마하는 게 좋다고 하셨다. 현섭이는 내가 속으로 킥킥 웃는 것도 모르고 가만히 교과서를 보고 있다. '현섭아 너 분명히 내일 학교에서 유명 인사일 거다. 크크.'

날씨: 다 맑음 다 맑음 다 맑음 귀찮아.

아저씨 머리 울 형아

형아가 머리를 잘랐다. 아저씨 머리랑 똑같았다. 정말로다. 그거 가지고 한참 웃었다. 형은 머리를 다 자르고 집으로 갔다.

✦ 현섭아 안녕! 형 모둠일기에 현섭이가 글을 썼네. 너 원래 파마하고 다니지 않았니?

5월 21일(수)
진이가 좀 비실비실해졌다

김재재

병원(진이)

내 동생이 열이 엄청 나고 기침을 해서, 삼척의료원에 가서 주사도 맞고 한 지 사 일인가 삼 일인가 되었다. 진이가 좀 건강해 보였다. 병원에 가니 진이는 자고 있었다.

"엄마, 나 과자 먹어도 돼?"

"먹어."

맛있게 먹고 있는데 갑자기 진이가 벌떡 일어나서

"내 까까야!"라고 하면서 과자를 가져갔다.

"진이, 형아 한 개만."

"싫어."

계속 달라 하면 울 것 같아서 칙촉을 먹었다.

'나는 요즘 초콜릿 잘 안 먹는데.'

그래서 그냥 과자를 안 먹고 라면을 사고 진이 줄 사탕을 샀다. 라면이 다 됐다. 나는 종이컵에다가 넣어서 진이한테 줬다. 싫다고 했다. 그래서 통째로 다 줬다. 나는 종이컵에 있는 걸 다 먹고 한 십오 분쯤 진이가 라면을 다 먹은 것이다.

'이런 돼지 같은 녀석.'

컵라면 순한 것을 사서 다행이지 매운 것 샀으면 진이는 거의 물만 먹었을 거다. 진이는 배부른 듯이 딱지를 쳤다. 힘이 무지 셌다. 진이가 내일 퇴원하는데 진이가 좀 비실비실해졌다.

김재재 어머니

날씨: 햇님이 아카시아 향기를 내뿜고 있었다.

이번 달은 셋째 아이가 아파서 큰아들과 대화할 시간이 거의 없었다. 중이염, 기관지염, 결막염, 고열. 감기로 올 것은 다 왔다고 했다. 아이가 반쪽이 되었다. 오늘은 많이 나아서 내일 퇴원할 것 같다. 집에 가고 싶다. 쓸 얘기는 많이 있는 것 같은데 쓸 시간이 안 되네요, 다음에……

✽ 재재 어머니, 많이 힘드시겠어요. 아이가 아플 때 부모는 가장 마음이 아프고 힘들잖아요. 다행히 퇴원하게 되었다니 기쁩니다. 막내가 어느 정도 자랄 때까진 힘겨운 일상을 꾸려나가야 할 것 같아요. 재재 어머니, 식사 잘 챙기시고요. 힘내세요.

그래, 인생은 무한 도전이다

박다빈

날씨: 너무 더웠다.

일일 교사

아침부터 가슴이 조마조마했다. '아빠가 허리를 다쳤는데…….. 어쩌지?' 솔직히 호신술은 멋으로 보여 주는 것이었다. 그런데 애들이 막 가르쳐 달라고 막 떠들고……. 아빠가 "다빈이가 이런 친구들이랑 노는 거야?" 할 때 난 너무 창피했다. 애들이 너무 떠들어서 아빠 목소리는 점점 커지고, 폭발하기 직전이었다. 아빠는 그래도 꾹 참았다. 아빠는 너무 힘들어 보였다. 수업이 끝난 다음에 너무 슬퍼서 울었다. 아빠가 다시 간다고 생각하니까 너무 슬펐다. 집에 그냥 들렀다. 그런데 아빠가 계셨다. "다빈아, 아빠 저녁 먹고 새벽에 갈 테니, 엄마한테 비밀이다!" "네!" 난 좀 더 울었다. 학원 갔다 오고 나서 저녁 먹으러 갔을 때도 일일 교사 얘기뿐이었다. 일일 교사 때문에 울음 소동이었다.

박다빈 아버지

날씨: 화창한 삼척 장날.

피곤한 나의 달콤한 아침을 깨우는 자명종 소리. 일어나기 싫었다. 일어나기 싫어하는 나를 깨우는 다빈이의 환청.

'아빠 오늘 일일 교사로 학교에 와야 돼요.'

너무 싫다. 어제 마신 술로 인한 피곤함을 어떻게 달랠 수가 없다. 하지만 내가 가장 사랑하는 딸이 요구하는 일이라……. 부담감은 있지만 그래도…….

어쨌든 화창한 봄 햇살에 몸을 맡기고 경기도 광주에서 중부 고속도로를 타고 영동 고속도로를 갈아타며 어떻게 5학년 1반 친구들과 재미있는 시간을 보낼까 생각한다. 오랜 시간을 달려와 삼척에 도착해서 아버지가 다니셨고 또한 나, 딸 다빈이, 아들 민혁이가 다니는 나의 모교 정라 초등학교에 도착했다. '도망가고 싶다.'는 생각이 내 용기를 시험한다. 가고 싶다. 눈 감고 도망가고 싶다. 하지만 다시 한 번 마음을 다지고 용기를 냈다. 담임 선생님께 전화를 하고 막상 체육관에 도착했을 때 그 용기는 다시 풀 죽은 아이처럼 사라졌다. 하지만 힘을 냈다. 그러면 뭐해. 아이들의 신고식은 너무도 강했다. 떠드는 친구들, 딴짓하는 친구들, 종잡을 수 없는 5학년 1반.

나도 1985년 5월 22일에 정라초등학교 5학년 1반이었는데……. 나도 그랬을까? 이런 마음을 뒤로하고 열심히 낙법도 치고 호신술 시범도 보이고 할 거 안 할 거 다 하면서 5학년 1반 친구들과 친해지고자 노력했다. 하지만 헛수고……. 두 시간의 시간이 어떻게 지났는지 모르겠다.

예전에 난 교사가 꿈이 아니었다. 아직도 가슴이 벌렁거린다. 어쨌든 오늘 하루는 너무 힘들었지만 소중한 하루였다. 내가 사랑하는 딸이 어떻게 생활하고 어떤 친구들과 뛰어노는지 알 수 있는 중요한 하루가 되었다. 다빈이가 초등학교 1학년일 때 급식조들이 모두 빠져서 혼자 갔을 때와는 또 다른 추억이 된 듯하다. 이런 기분을 언제까지 유지할 수 있을지 의문이다. 하지만 한 가지는 분명하다.

"다빈아, 이 세상에서 아빠는 그 누구보다도 너를 믿고 사랑한다."

✦ 다빈 아빠! 정말 고맙고요 존경스럽습니다. 저는 이번 주에는 삼척에서 지내신다는 얘길 들었기에 그 먼 곳에서 일부러 오신 줄은 생각도 못 해 봤습니다. 딸래미를 위해, 또 그 친구들을 위해 그렇게 값진 시간과 용기를 내주신 거 군요. 힘드셨지요? 아이구, 난 몰라. 하지만 귀한 경험이 되셨으리라 믿어요. 다빈이는 영원히 아빠의 자랑스런 모습을 기억하게 될 거고요. 아빠에 대한 믿음 또한 더 단단해졌으리라 믿어요. 우리 반 아이들에게도 귀한 선물 주고 가신 다빈 아빠, 건강하게 잘 지내세요. 만나 뵈어서 반가웠습니다.

장채은

날씨: 땀범벅이 되었다. 왠지 찝찝하다.
좌충우돌 일본 여행 도전기

4월 23일, 우리가 도전을 결심한 날! 근데 그땐 원빈이와 영채, 소현이, 문영이랑 피자 먹기로 해서 복사만 해서 갔다. 봤는데 노력상을 해도 문상 구만 원! 노력상이라도 하고 싶었다. 그 후, 우린 허락을 맡기로 했다. 그리고 책 주문을 했다. 《태양의 아이》와 《모래밭 아이들》을 주문해서 책이 왔다. 지금도 다 바꿔 읽는다. 난 지금 《나는 선생님이 좋아요》를 읽는다. 문영이는 이제 볼 것이 없고, 소현이는《모래밭 아이들》을 읽는다. 일본어는 조혜원이 좀 도와준다고 했다. 혜원 땡큐.

우린 독서 신문 부문이다. 이번 주 토요일 10시에 학교 운동장에서 만나기로 했다. 다음다음 주가 마감일이어서 빨리빨리 열심히 해야 한다. 선생님도 도전한다고 했다. 선생님 힘내세요!

난 일본에 가 보고 싶다. 일본엔 재미난 게 많을 것 같다. 일본 여행에 도전하는 우린 설레는 마음으로 하고 있다. 소현이는 정말 좋은 친구고, 문영이도 좋은 친구이다. 그리고 도움을 준 조혜원(일본어), 김지민(꾸미는 것), 주순영 선생님(계획을 할 수 있게 해 준 분)에게 정말 고맙다. 우리는 무한 도전!

장채은 아버지

이제 아빠 차례인가? 늘 필체와 맞춤법으로 구박받는데……. 쩝! 어쩌나. 우리 딸이 반 협박하고 잠자리에 드셨는데 흐흐.

언제부터인가 일본 문학 기행 도전한다고 얼핏, 가끔, 종종 들었는데 마음 한구석에서는 원 녀석들 별나네, 엉뚱하네, 말도 안 되네, 그러다가 말겠지 하는 마음이었지만 아직까지 뭔가 이루기 위해 끈질기게 꿈틀대는 녀석들이 대견하고 귀엽구나.

그래, 채은아. 항상 남들과 다른 생각을 하고 새롭고 엉뚱한 상상의 꿈을 꾼다는 건 너무 멋진 일이야. 그런 생각이 멈추지 않고 뭔가 이루기 위해 도전하는 것, 그것 또한 멋진 일이고. 설사 네 말대로 노력상이라 해도 그것은 굉장한 성공이야. 또한 아무것도 이루지 못하더라도 그것은 너와 친구들의 무한 도전을 위한 첫걸음이 될 거야.

사람이 한평생을 살며 백 번을 도전해 열 번을 이루어 낸다면 그 사람은 아마 인생에 성공한 사람일 거야. 불행히도 아빠는 아직 뭔가를 위해 열 번도 도전하지 못한 것 같구나. 이제 남은 생 앞으로 뭔가를 위해 우리 딸 못지않게 구십 번은 더 도전해야겠지. 그래, 인생은 무한 도전이다. 우리 그날을 위해 파이팅! 잘 자거라 사랑하는 딸 채은아.

✦ 채은이가 헐레벌떡 교실에 들어서면서

"선생님, 오늘 모둠일기는 아빠가 쓰셨어요."

"그래? 잘 됐네."

"엄마랑 저랑 같이 싸워서(?) 아빠가 졌어요."

"너희 집은 역시 여자들이 세단 말야."

늘 당당하고 씩씩한 채은이랍니다. 아빠가 엄마와 딸들에게 지는 모습, 아름답습니다.

조혜원

날씨: 오늘 아침엔 날이 그다지 좋지만은 않았다. 그런데 오후가 되니까 해가 나면서 날이 풀렸다. 후덥지근한 날이었다.

체육 시간

오늘 5, 6교시 체육 시간은 다빈이 아빠가 수업을 해 주셨다. 호신술, 합기도, 태권도의 기본적인 것을 배웠다. 앞구르기, 낙법, 고양이 앞구르기, 호신술 등을 배웠는데 다하고 수업 끝나기 십오 분 전이었다. 그래서 자기 번호로 홀수 팀과 짝수 팀으로 나눠서 피구를 했다. 그런데 그때 내 기분은 별로 좋지만은 않았다. 왜냐하면 난 공을 한 번도 잡아 보지 못했고, 거의 똑같은 애들만 공을 주고받고 했기 때문이다. 문선호, 이호준, 박조한, 민지 등등. 기억은 다 안 나지만 얘네들이 공을 제일 많이 잡아 봤을 거다. 난 맞지 않았는데도 애들이 날 너무 밟고 밀치고 그래서 탈락한 쪽으로 나와서 공격 쪽에 섰는데 나한테 공은 단 한 번도 안 오고 패스, 공격 같은 것도 다 했던 애들만 해서 기분이 나빴다.

다음에 피구할 때에는 이런 일 없이 공평하게 골고루 게임이 이루어질 수 있도록 나도 그렇고 다른 애들도 그렇게 했으면 좋겠다. 오늘 체육시간에 다빈이 아빠 덕분에 좋았긴 했지만 피구할 땐 너무 싫었다.

조혜원 아버지

날씨: 바깥 날씨를 생각해 보니 떠오르질 않네. 종일 일이 많았다. 늦게 전달 받은 일기장에 적을 날씨가 어땠는지 생각나질 않을 만큼.

남들이 잠들었을 시간, 퇴근해서 바로 일기장을 열었다. 다른 부모님들과 모둠 친구들의 일기도 읽고 무엇을 적을까 생각하는데, 오늘은 온통 머릿속에 얼마 전에 끝난 중간고사 분석표와 시간표와 반 배정 명단만 들어 있다. 일 년에 서너 번 있는 일이지만 며칠 동안의 심사숙고 끝에 결정을 내리면 웃는 학생도 있고 우는 학생도 있고, 부모님들 반응도 각양각색. 아무튼 난 냉철한 판단을 할 수밖에……

1. 혜원이도 나중에 알 것이다. 피구할 때는 잘해야지 공이 자주 온다는 것을……. 하하.
2. 재재 동생이 어서 빨리 건강해질 것을 마음으로 응원하고…….

3. 싸움의 나쁜 점을 적은 조한이 얼굴도 생각나고…….

4. 성수의 얼굴 모습이 궁금하고…….

5. 가현이의 운동 소식에 박수를 보내며…….

✦ 학교 안에만 있다 보니 학원에 대해 도통 아는 게 없네요. 시험을 보고 성적을 분석하고 반을 배정하고, 그런 일들도 하는군요. 혜원인 몸을 놀려 하는 운동을 좀 더 활발하게 해야겠어요. 몸을 사리지 않고 해야 하는데 그게 쉽지 않은가 봅니다.

들을 줄 아는 부모가 돼야겠다

김나영

날씨: 달리기할 줄 모르고 긴바지 입고 갔다가 찜질방 간 느낌이다.

단원 평가

오늘 1교시가 수학이어서 난 민지와 같이 공부했다. 그런데 선생님이 책상 떨어뜨리라고 했다. 난 중간에 의자를 세웠다. 선생님은 맨 마지막으로 나에게 시험지를 주셨다. '분수의 덧셈 뺄셈 1차 시험은 점수가 80점 나왔지만 2차 시험은 꼭 85점 넘어야지!'라고 생각했다. 그리고 시험지 푸는 데 어려운 것은 없었으나 좀 계산이 복잡한 것은 책상에다가 했다. 그런데 도무지 틀린 것이 없을 줄 알고 냈다.

보건 선생님이 오셔서 몸무게 잰다고 해서 난 일등으로 갔다. 그리고 몸무게, 키 다 재고 반에 들어왔는데 애들이 나보고 내 점수가 90점이라고 했다. 난 거짓말인 줄 알고 "에?" 하며 선생님 책상으로 갔더니 원빈이가 90점이라고 했다. 그리고 민지도 90점이다. 난 날뛰면서 좋아했다.

우리 나영이는 스스로 공부도 잘하고 동생과 같이 잘 놀고 예쁜 행동도 잘하고 있으나 평소 고쳐야 할 것은 밥 잘 먹고 편식하지 않고 모든 음식을 맛있게 잘 먹었으면 좋겠습니다. 그리고 오빠하고 잘 지내고 있으나 가끔 욕심을 내면서 서로를 이해하는 마음이 조금 부족하여 엄마에게 가끔 야단을 맞고 있으니 이러한 행동은 고치면 너무 좋겠다고 생각합니다. 그리고 나영이는 아빠가 경찰관으로서 직업의 특성상 잘 놀아 주지도 못하고 있는데도 불구하고 아빠를 많이 이해해 주는 편이라서 아빠가 너무나 고맙게 생각하고 있습니다. 앞으로도 나영이가 지금처럼 건강하고 공부 잘하는 착한 소녀로 성장하는 것이 아빠의 큰 소망입니다.

✤ 나영이가 공부도 열심히 하고 항상 하하하 호호호 까르륵 깔깔 웃으면 지낸답니다. 맺힌 것 없이 밝고 쾌활한 아이랍니다.

이재건

날씨: 역시 맑았다. 그래도 시원했다. 바람이 불어서.

신체검사

오늘 학교에서 신체검사를 했다. 보건실에 내려가서 남자부터 몸무게, 키를 쟀다. 나는 열두 번째로 쟀다. 키는 155.2센티미터이다. 조회를 하러 운동장에 나갈 때마다 선호가 나보다 크다고 했는데 오늘 결론을 냈다. 내가 더 크다. 그리고 몸무게는 비밀이다. 잠시 후 교실에 올라와서 시력

검사를 했다. 어떤 애는 2.0도 나오고 0.15도 나왔다. 나는 왼쪽 1.5, 오른쪽 1.5이다. 작년에는 왼쪽 1.5, 오른쪽 1.2였다. 오른쪽 눈이 0.3 올랐다. 나는 기분이 좋았다. 나는 몸무게 빼고 기록이 마음에 든다.

이재건 어머니

날씨: 베란다의 화초들이 꽃을 피우기 시작했다. 따사로운 햇살 덕분이 아닌가 생각한다.

창문 너머로 아른거리는 아지랑이 피어오르는 모습을 보고 있노라면 봄이 벌써 가 버린 건 아닌지 아쉬운 마음을 감출 수 없다. 그 순간 흔들리는 가로수 잎들이 봄이 매정하게 떠나지 않았음을 속삭여 준다.

하루하루 아들의 이마에 맺히는 땀방울이 늘어 가는 것처럼 내 배도 불러 오고 있다. 몸의 무게만큼이나 마음의 무게도 무거워짐을 느낀다. 돌이켜 보면 아들에게 미안한 마음이 든다. 아들의 생각은 어떤지 미리 상의하고 결정했어야 했던 게 아니었나? 아빠와 나의 생각이 짧아 아들의 생각은 안중에 없었던 것 같다. 그저 모든 걸 기쁘게 받아들이고 부모의 결정을 따라 주겠지라는 독선적인 판단으로 말이다.

요즘은 더더욱 그런 생각에 사로잡히곤 한다. '혹시 재건이가 창피해하지는 않을까? 아님 부담스러워하지 않을까?' 뒤뚱거리는 내 걸음걸이만큼이나 이미 내려진 결정이 좌우로 흔들린다. 이제는 어리기만 한 아들이 아니란 걸 새삼 인지하게 된다. 앞으로는 재건이의 생각은 어떠한지, 의견이 무엇인지 귀 기울여 들을 줄 아는 부모가 되어야겠다고 깊이 반성해 본다. 묵묵부답, 의미심장한 표정의 재건이 모습이 두렵게 느껴질 때가 있음도 이 때문이다. 마음으로 배려하고 생각을 나눌 줄 아는, 그리고 행동으로 표현하는 가족으로 커 나가길 소망한다.

★ 재건 어머니! 진심으로 축하드립니다. 재건이한테 살짝 물어봤더니 좋다고 하네요. 건강 잘 챙기세요.

이유라

금요일에 수학 시험을 보았다. 내가 아는 문제를 찍었다. 찍었는데 맞았다. 문제가 너무 어려워서 머리가 아팠다. 가슴도 두근거렸다. 걱정이 많이 되었지만 아는 문제는 별로 없었다. 아빠가 수학을 잘 가르쳐 주시는데도 이해가 잘 되지 않는다. 시험 본 것을 부모님께 보여 드렸더니 걱정을 많이 하시며 앞으로 어떻게 해야 내가 공부를 열심히 할까 고민이 된다고 하셨다. 솔직히 내 마음도 안 좋다. 나도 다른 친구들처럼 공부를 잘하고 싶은데……. 오늘은 아빠께서 화를 많이 내셨다. 아빠와 틀린 문제를 다시 풀었다. 아빠께서 수학은 꾸준히 반복해야 잘할 수 있다고 하셨다.

이유라 어머니

네가 초등학교 입학할 때 엄마와 아빠는 가슴이 벅찼단다. 무조건 희망적이었고 낭만적이었고 작은 기쁨이었지. 세상과 바꿀 만큼 어렵게 넌 내게로 왔고 열 달 내내 담고 있으면서 매일 기도하는 맘으로 살았지. 모든 엄마들은 위대하고 아름답다는 걸 그때 알았단다. 내가 학교 다닐 때와 환경이 많이 다르고 교과목도 다양, 새로워져서 놀라기도 했지.

선행 학습을 전혀 시키지 않아 내심 초조했단다. 입학 뒤 어렵게 한글, 구구단을 떼어 얼마나 기뻤던지. 그렇게 넌 조금씩 학교 문화를 익혀 갔지. 수학, 많이 어렵지? 오늘 받아 온 네 수학 시험지를 본 후 엄마와 아빠는 많이 속상하고 나름 반성도 했다. 밤새 우리는 고민을 했지만 그저 꾸준히 반복 학습해야겠다는 결론에 도달했다. 어렵다고 포기하면 안 돼! 공부 못하는 건 부끄러움이 아니지만 그렇다고 노력하지 않으면 안 된다는 것, 너도 잘 알겠지? 너 역시 답답하겠지. 조금 더 분발하렴. 새로운 한 주, 월요일. 선생님과 친구들과 재미있고 활기찬 하루 보내라.

✿ 유라뿐만 아니라 교육 과정 자체가 우리 아이들에겐 참 어렵네요. 그래도 열심히 하는 모습이 대견합니다.

나도 핸드폰이 있으면 좋겠다

김세연

날씨: 맑고 바람이 불었다.

핸드폰 갖고 싶어!

계속 청소 돌아다니다 보면 여러 애들이 핸드폰을 가지고 돌아다닌다. 난 그것을 보면 이런 생각이 난다. '나도 핸드폰 있었으면 얼마나 좋을까?'라고 말이다. 우리 반에서 핸드폰 가지고 있는 애가 민지, 홍비, 다빈, 상혁 등이 있다. 그런 애들을 보면 왠지 부럽다. 만약에 핸드폰이 생긴다면 급한 일이 있거나 그러면 바로 전화할 수 있고……. 하지만 요금은 별로 안 나오게 할 것이다. 한 일 년에 오천 원 정도만……. 아니 더 적게 나올 수도 있다. 또 핸드폰이 생긴다면 학교에 핸드폰 가져오면 안 되니까 학교에는 안 가져가고, 집에 놔 둘 것이다. 내 간절한 부탁은 "핸드폰 갖고 싶어요……." 근데 나는 핸드폰을 사고 싶지만 안 사 준다면 좀 서운할 것 같지만, 난 아무 일도 없다는 듯이 있을 것이다.

핸드폰 갖고 싶은 세연이 마음, 이해는 하지만 엄마 생각엔 아직 핸드폰이 필요하지 않은 듯싶다. 조금 더 커서 정말 필요하다고 생각될 때 사면 어떨까? 오늘도 공부 열심히 하고.

✦ 지난번에 세연이 갖고 다니던 핸드폰이 있었는데 그건 뭐였나 궁금하네요. 그래요. 아직은 아닌 것 같아요.

✿ 선생님 그것은 오빠 핸드폰이에요. (세연)

저희 집 옥상에 놀러 오세요

이호준

날씨: 맑고 너무나 더웠다. 아 진짜 덥다.

용돈 날

오늘은 용돈 날이다. 만 원을 받는다. 용돈을 받으면 아껴 쓰고 한 달 동안 버텨야 한다. 그래서 귀한 돈이다. 그래서 할머니는 "아껴 써라 아껴 써."라고 한다. 아! 용돈은 한 달씩 받는다. 그리고 아빠는 용돈을 주실 때도 있고 안 주실 때도 있지만 그래도 아빠가 좋다.

"용돈 좀 올려 주세요. 제발 좀요. 아! 용돈을 올려 주십시오."

이호준 아버지

오늘도 퇴근은 늦었다. 집에 오니 아들은 할머니가 세탁해 놓으신 옷을 침대 위에 가지런히 정리해 놓았다. 아들은 축구를 너무 좋아한다. 늘 아빠는 걱정이다. 혹시 다치진 않을까. 까맣게 그을린 얼굴……. 건강해 보여서 참 좋다.

호준아, 지금처럼 건강하게 자라다오. 호준아, 운동도 좋지만 선생님 말씀 잘 듣고 학업에 열중해라. 오늘도 아빠는 아들을 생각하면서 회사 일에 매진한다. 아들아 더운 날 건강 조심하자. 아빠 사랑 ♡ 호준!

✦ 그저 묵묵히 자신의 일을 꾸준히 해 나가는 호준이랍니다. 늘 든든한 버팀목이 되어 주시는 아빠와 할머니가 곁에 계셔서 호준이가 더 싱싱하게 자라날 겁니다.

박상혁

날씨: 그럭저럭 맑았다.

지진 대피 훈련

오늘 5교시에 지진 대피 훈련을 했다. 1시 35분부터 1시 58분쯤까지 지진 대피 교육 만화를 봤다. 나는 신발에 형광펜으로 색칠이나 하고 있었다. 근데 약 2시쯤 사이렌이 울렸는데 소리가 너무 작았다. 운동장에 나가니깐 빨간색 연막탄이 터졌다. 냄시가 좀 그랬다.

나, 채은, 지민이는 심심해서 내가 먼저 "팅팅탱탱 후라이팬 놀이."라고 노래를 했더니 채은, 지민이가 같이 했다. 채은이가 틀려서 인디안밥을 맞고, 내가 틀려서 인디안밥을 맞았는데 "나 안 해." "나도." 채은이, 지민이가 말했다.

지진 대피 훈련도 좀 진짜같이 했으면 좋겠다.

울긋불긋 파릇파릇 삐쭉빼쭉 꿈틀꿈틀 이게 무슨 소리냐고요? 저희 집 옥상 실화입니다. 이제 막 올라오는 상추, 꽃이 벌써 피려는 고추, 얼마나 많은 꽃을 피워 줄지 모르는 포도나무, 머루나무, 작년에 뿌렸던 맨드라미, 봉숭아까지…… 바닥에는 지렁이가, 우와! 너무 재미있고 신기하답니다. 시간 있을 때마다 뿌려 놓았던 씨앗이 이렇게 많은 꽃을 피워 주었답니다. 자연은 거짓말을 안 해요. 사랑을 준 만큼 결실을 맺어 주니깐. 우리 상혁이도 엄마가 사랑을 많이 주는데…… 착한 어린이가 되세요. 저희 집 옥상에 놀러 오세요. 삼겹살 파티해요.

★ 정말 자연은 신비하다는 말이 맞는 것 같아요. 그렇게 바쁜 일상 가운데서도 씨를 뿌리고 생명을 가꾸는 일을 하셨네요. 부럽습니다. 상혁이네가 맨 위층인가 봐요? 상혁이더러 사진 찍어 오라고 해야겠어요. 늘 들고 다니는 카메라에.

날씨: 아침에 봤을 땐 날이 좋은가 싶더니 집을 나서니 물방울이 뚝뚝 떨어지기 시작하였다.

미술 숙제

오늘은 내일 미술 시간을 대비하여 모습 그대로 그리는 숙제가 있었다. 두 시간의 긴 시간 끝에 완성했다. 나는 "엄마, 엄마! 이거 비슷해?" 물어보니 엄만 잠에서 깨더니 "응. 비슷하네." 난 왠지 걱정되기도 했지만 챙겼다. 동생 사진을 찍어 복사해서 뽑았는데, 난 미술에 소질이 없어서 통과할지 모르겠다. 노력을 했지만 빠꾸 당할지도 모르겠다.

김연주 어머니

오랜만에 몸살을 앓았습니다. 일찍 잠이 들었는데 잠결인데도 부산스러운 소리가 여기저기에서 깊은 잠을 깨우더군요. 아침 일찍 예약 손님 때문에 연주 모둠일기는 아침에 이렇게 씁니다. 연주야! 비몽사몽에 네 그림이 지금 아련하게만 보이네. 유리가 그림의 주인공인 것 같았는데…… 잠결에 스치는 너의 부산스러움에 그림 숙제가 우리 연주에게 얼마나 큰 심적인 부담이었는지 알 수 있겠더라. 사실은 엄마도 그림에는 영…… 연주가 엄마를 닮았나 괜시리 미안해지네. 연주야 네 말처럼 노력했잖아. 노력해서 안 되는 건 어쩔 수 없는 것 같애. 노력 없이 포기하는 건 미래에 너의 모습에도 좋은 영향을 못 미칠 것 같구나. 선생님 우리 연주 신경 많이 써서 그린 그림 맞아요. 빠꾸시키지 말아 주세요.

✦ 연주 어머니! 몸살은 다 나으셨는지요? 빨리 가벼워지시길 바랍니다. 결과보다 준비하고 계획하고 애쓰는 과정이 소중하지요. 예, 합격입니다. 연주.

김성수

날씨: 내 기분과 맞게 맑다. 밤에는 안개가 무척 많이 끼어 있다.

나도 하면 한다

오늘 학교에서 과학 단원 평가를 보았다. 나는 계속 긴장이 되었다. '아, 내가 좋아하는 과학은 몇 점을 맞을까? 빵점은 아니겠지?'라고 생각했다. 그런데 선생님이 최고 점수가 90점이며 세 명이라고 했다. '혹시 나? 아니, 나는 아니겠지. 누굴까? 나였으면 좋겠다.'라고 생각했다. 난 무척 긴장이 되어서 '혹시 30점은 아닐까?'라는 생각이 들기도 했지만 다시 선생님 말을 주의 깊게 들었다. 선생님이 드디어 점수를 알려 주셨다. 아이들 점수를 불러 주는데 거기에 내 이름이 있을까 계속 듣고 있으니까 내 이름을 불렀다. 내 점수가 바로 바로 90점이었다. 이것은 우연일까? 실력일까? 운일까? 혹시 잘못 불려졌나? 하여튼 모르겠다. 90점은 나, 석민, 동제였다. 난 정말 궁금하다. 난 학원 가서 자랑도 하고 집에 와서 아빠에게 자랑을 했다. 난 이런 생각이 들었다. '나도 하면 한다.'고!

김성수 아버지

날씨: 비.

날씨와는 반대로 기분은 맑은 날이다. 일을 마치고 집에 오니 성수 녀석, 기분이 좋아 있었다. 오늘 과학 단원 평가 시험 90점을 맞았다고 자랑한다. 난 점수도 중요하지만 성수 너가 기분 좋아하는 모습이 더 좋다. 모든 과목을 다 잘하면 좋겠지만 그건 욕심이겠지. 하지만 이번 시험을 교훈 삼아 다른 과목도 더 열심히 하는 성수 되거라. 아빠가 사랑한다.

★ 성수가 요즘은 수학, 과학 다 결과가 좋네요. 성수 말대로 '하면 된다.' 이 말은 누구에게도 적용이 되는 말인 것 같아요. 칭찬 많이 해 주셨어요? 기뻐하는 성수가 귀엽네요.

엄마, 나 생각해 줘서 고마워

고소현

고마워

아, 드디어 독서 신문을 완성했다. 설레는 마음 반, 섭섭하고 안타까운 마음 반으로 우체국에 가서 소포를 부쳤다. 긴장감이 다 풀려서 그런지 피곤하기도 하고 편한 것 같기도 했다. 아아, 피곤하다. 지난 밤 11시 50분까지 붓질하고 칼질하고 컴퓨터 자료를 찾느라 그랬나 보다. 지난 사흘 동안 12시는 넘어서 자니까 다크서클도 진해지고 키도 변화가 없는 것 같고 피부도 수척해졌다. 게다가 문영이랑 채은이가 "너희 솔직히 별로 한 것도 없지?" 하고 물으면 (귀염성 없이 네가지가 없게) "어쩌라고!" 할 말이 없다.

이런 날은 학원 가기 싫다. 편히 쉬고 싶었다. 낮잠도 자고 책도 읽고 낙서도 하면서……. 피아노랑 미술은 재미있고 할 만해서 다 끝냈는데 속셈 학원은 가기 싫었다. 피곤해 죽겠는데 머리까지 쓰라구? 난 엄마한테 들키면 죽는다는 것을 알면서도 땡땡이를 쳐 보기로 했다. 비싼 학원비를 내고 공부하는 거지만 그땐 나도 나 자신을 통제할 수 없었다. '이것도 경험이야.' 라며 나에게 위로했지만 걱정은 가시지가 않았다.

근데 문제는 하필 학원 전화를 엄마가 받았다는 거! "네, 알겠습니다." 하고 날 바라보더니 "잘했다. 이제 니 관리는 너 알아서 해. 어제 밤늦게까지 신문 만들어서 그렇지?" "응." 난 놀랐다. 땡땡이를 쳤는데 웬 칭찬? 엄마, 나 많이 생각해 줘서 고마워♡

고소현 아버지

저녁 11시 늦은 퇴근. 집에 들어오자마자 사랑하는 딸 하는 말, "아빠 오늘 모둠일기 좀 써 주세요." 한다. 모둠일기, 그게 뭐지? 처음 들어 보는 말이다. 요즘 초딩들은 일기도 돌려 가면서 쓰나 하고 참 의아한 생각이 들어서 모둠일기를 전부 읽어 보았더니 마치 새로운 문화를 접한 것 같이 재미있고 흥미로웠다.

혼자서 조용히 일기장을 들고 딸 방으로 들어가 몇 줄 쓰다 보니 이건 내 일기가 아니라 아예 사랑하는 우리 딸 훈계하는 그런 이상한, 일기 아닌 일기가 되어 버렸다. 아뿔싸! 이건 모둠일기를 쓰는 취지는 아닌데 하고 다시 컴을 켜고 늦은 밤 자판과 씨름하고 있다.

회사 일로 근 한 달이 넘게 하루도 쉬지 못하고 매일 야근이다 뭐다 하는 핑계로 주말에도 제대로 같이 놀아 주지 못한 것이 영 마음이 불편하다. 이번 계획 공사만 끝나면 가족들과 가까운 곳으로 소풍이나 다녀와야겠다.

그리고 사랑하는 딸 소현!

부탁한 일일 교사 그거 아빠 공사 끝내는 대로 빨리 해 줄게. 아빠가 전기 박사 아니냐? 전기에 대해 멋지게 강의해 줄게. 그리고 니가 내 딸이라 너무 기쁘고 행복하다.

✦ 소현 아빠가 처음 쓰셨던 일기 보고 싶어지네요. 소현이가 아침에 오자마자 "오늘 드디어 아빠가 모둠일기 쓰셨어요." 하면서 기뻐했어요. 무엇이든 똑 부러지게 열심히 하고 정의파인 소현이. 멋진 딸 두셨네요.

이재건

날씨: 날씨가 흐렸다. 비가 올 것 같은데 비는 안 왔다.

촛불 집회

오늘 시내에서 촛불 집회가 열렸다. 태어나서 처음 보는 시위였다. 그 옆에 경찰들이 많이 있어서 좀 무서웠다. 그리고 파출소 주차장을 보니 버스 한 대가 있었다. 사람을 잡아가는 줄 알았다. 촛불 집회를 나도 하고 싶었는데 용기가 나지 않았다. 시위 하는 것을 보니 좀 무서웠다.

이재건 어머니

얼마 전 아들과 이야기 하던 중에 했던 약속을 지키기 위해 준비하는 남편 모습을 옆에서 지켜보노라면 불안하기도 하고 기대가 되기도 했다.

아이들을 지도하는 것이 직업이었던 적도 있었지만 조금은 달랐다. 서울에선 중고등부 볼링 선수단의 코치로서 전문 운동선수를 지도하였기에 재건이와 같은 어린 아이들 눈높이에서 느낌을 같이하며 즐거운 시간을 보낼 수 있을는지, 매끄럽게 진행이 안 된다고 울그락불그락 하진 않을는지……. 재건이도 내심 걱정이 많은 듯했다. '아빠의 수업을 친구들이 재미없어 하면 어쩌나? 아빠가 수업 중에 화를 내면 어쩌나? 친구들 앞에서 시범을 보이다 실수를 하면 어쩌나?'

수업 막바지쯤에 볼링장에 가 보았다. 건물 밖에까지 아이들 환호성이 들렸다. 안도감이 들었다. 점수에 상관없이 신나 하며 볼링을 치는 아이들 모습을 보니 절로 입가에 웃음을 머금게 되었다. 다른 친구들에게 박수를 쳐 줄 줄 아는 아이들 모습에서 기특함과 함께 바르고 아름다운 모습으로 잘 성장하고 있구나 하는 큰 감동을 느낄 수 있었다.

수업을 모두 마치고 재건이와 아빠가 이야기 나누는 것을 들었다.

"우리 재건이만 봐서 친구들이 다 클 줄 알았는데 작은 친구들도 많더라. 그리고 친구들이 다 밝은 모습을 하고 있어 참 좋더라."

"아빠, 아이들이 떠들어서 짜증나지 않았어?"

"아니, 재건이 덕분에 좋은 경험도 하고 재미있었어. 재건아! 아빠 실수한 것 없었어?"

"응! 아빠 재미있었어. 근데 오늘 내가 실력 발휘가 안 돼서 속상했어."

"친구들이 재미있어 하고 또 하고 싶어 하면 2학기에 한 번 더 기회를 만들어 보자. 친구들이 오늘 너에게서 새로운 모습을 볼 수 있었으면 좋겠다. 살이 쪄서 운동하고는 거리가 멀다는 고정관념에서 조금은 벗어났으면 하고 바란다."

아빠와 아들이 서로 얼굴을 마주하고 씨익 웃는 모습에서 오늘 하루의 보람을 느낄 수 있었다. 설렘으로 수업을 시작하고 보람으로 수업을 마칠 수 있게 되어 아들을 키우면서 소중한 시간으로 한 페이지를 남길 수 있으리라 여겨진다. 집으로 가는 차 안에서도 아빠와 아들의 수다는 멈출 줄을 몰랐다. 목욕을 하면서도 깔깔대며 오늘 수업 얘기에 철부지 장난꾸러기 같기만 했다. 우리 가족 모두에게 환한 웃음과 행복과 오래 기억될 추억을 만들어 준 오늘 하루, 너무 값지고 소중하기만 하다.

★ 볼링을 처음 해 보는 아이들이 많았지 싶어요. 아이들이 얼마나 좋아했는지 모릅니다. 우리 반 아이들을 위해 애써 주신 재건 아빠, 뒤에서 응원해 주신 재건 엄마 정말 고맙고요. 수고하셨습니다. 재건이 어깨에 힘이 한껏 들어간 날이기도 했습니다.

장채은

날씨: 은근히 깨끗함.
모둠일기, 작은 행복!

난 모둠일기를 썼으면 좋겠다. 난 가끔 모둠일기가 오면 "오늘은 모둠일기를 가지고 왔습니다. 콩그레이츄레이션!" 하고 놀리고는 한다. 어른들은 거의 모둠일기를 귀찮아한다. 왜일까? 그럼 매일매일 쓰는 우리는 뭘까? 엄마들, 아빠들이 적극 참여했으면 좋겠다. 난 모둠일기가 작은 행복이라고 생각한다. 엄마의 속마음, 아빠의 속마음도 알 수 있으니깐 조금이나마의 행복이다. 예를 들면 재건이 엄마가 하기 힘든 이야기, 아기를 가졌다는 이야기 등 말이다. 난 모둠일기가 이래서 좋다. 엄마, 아빠 참여해 주실 거죠?

마지막으로 조한이에게,

조한아! 나 채은이야. 점심시간에 내가 물 먹고 있는데 네가 웃겼잖아. 그래서 목에 걸렸지. 난 편도선이 큰 편이라 거의 매일 목이 아파. 게다가 많이 부어. 그래서 물이 목에 걸리면 참을 수가 없어. 그래서 내가 운 거야. 네가 당황했다면 미안해. 하지만 네가 쩔쩔매는 모습이 지금은 웃겨. 점심시간엔 내가 화가 나 있으니깐 밥도 몇 번만 먹고 남겼어. 그런데 난 애들을 패거나 내가 울면 친구들한테 그런 게 미안하고 후회가 돼. 그런데 넌 자기 잘못인 줄 알고 "나도 한대 때려. 정말 미안." 하면서 사과를 했어. 나는 괜찮은데 오히려 너한테 미안했어. 우체국에 갔다 와선 갑자기 기분이 업 되었어. 그래서 웃는 얼굴로 너와 대화한 거야. 어린이 회의 시간에 칭찬 어린이 후보에 너가 나왔잖아. 난 손을 들려고 했어. 근데 순간 점심시간 일이 생각났어. 분해서 안 들어준 거야. 미안해. 내가 미안해야 되는데……. 용서해 줄 거지?

장채은 아버지

우리 딸이 원하고 엄마가 부담스러웠다면 앞으로 모둠일기는 아빠가 매번 써 줄 수도 있다. 크크. 다만 글씨와 맞춤법이 틀리다고 놀리지 않는 한……. 선생님! 우리 집은 여자들만 있지만 이 여자들은 힘을 합쳐 결코 저를 이기지 않습니다. 저들의 힘으로 한 남자를 무너뜨릴 수 있지만 우리 집 여자들은 제 한마디에 져 주는 지혜를 갖고 있습니다. 오늘 우리 집 여자들에 대해 잠깐 소개할까요? 후훗.

제일 큰 여자인 아내는 항상 제멋대로인 이 남자를 이해하고 감싸고 배려하는 여자입니다. 아이들에겐 늘 친구 같고 챙기는 큰언니 같고요.

그리고 둘째 여자인 채은이는 어려서부터 엄마 같은 여자예요. 다섯 살 때인가 유치원 다니면서 엄마 아빠 힘들다고 유치원 차 타는 곳까지 나오지 말라고, 자기가 알아서 한다고 했지요. 동생에게는 늘 양보하며 엄마 아빠는 귀찮아 하는데 동생이 다리 아프다 하면 업어서 데리고 다니고 엄마 바쁠 땐 밥해 놓고 대충 반찬까지 만들어 동생 챙겨 먹이고 설거지까지 하고, 엄마 없을 때 아빠 밥 챙겨 주고……. 이거 정말로 누가 시키지 않고 스스로 알아서 한답니다. 요즘은 텔레비전보다 책 읽는 게 더 재미있다고 거의 하루에 한 권 정도 읽는답니다. 정말 기특한 여자죠?

막내녀 역시 자기 언니 못지않은 귀여운 여자입니다. 더 적고 싶은데 공책이 모자라네요. 그럼 다음 모둠일기 때 봬요. 선생님도 잘 주무세요.

✦ 채은 아빠! 사랑스런 세 여자에 둘러싸여 행복하게 사시네요. 부럽습니다.

장채은 어머니

채은, 멋지다 우리 채은이. 잘못을 시인하고 용서 빌 줄 알고……. 킹왕짱! 아빠가 은근히 모둠일기를 즐기시기 시작했어. 엄마가 쓸 공간도 안 남기고 빽빽이 채우시네. 엄마도 슬슬 모둠일기에 중독되어 가. 은근한 매력. 열심히 참여할게. 채은이 실망하지 않게. 사랑해!

아이들은 정의롭다

환경의 날을 맞아 아이들이 환경 관련 그림을 그렸다. 아이들 그림을 칠판에 붙여 놓고 괜찮게 그렸다고 생각하는 그림에는 몇 번이든 손을 들라 했다. 열 표 미만 받은 그림은 칠판에서 내려놓았다. 그랬더니 절반 정도가 남았다. 다시 이번에는 세 작품만 마음으로 정해 놓고 손들라고 했다. 제일 손을 많이 든 세 작품만 남겨 놓았다. 그것을 가지고 다시 손을 들게 하여 마지막 한 작품을 뽑았다. 지민이, 소현이, 영채 그림이 남았다. 내가 뽑고 싶었던 그림은 떨어졌다.

"너희들 혹시 누가 그린 그림인지 알고 손드는 거 아냐?"

"아니에요. 누구 그림인지 몰라요."

"선생님, 왜 꼭 한 개 뽑아야 돼요?"

아이들은 잘 그린 애들이 많은데 왜 꼭 한 개를 뽑아야 하냐며 볼멘소리들을 했다. 나 역시 마찬가지 생각이다.

"그래, 그래서 이게 심사 위원들의 고민이라는 거야. 잘한 것이 많고 그 실력이 비슷한데 콕 찝어 하나만 뽑는다는 게 얼마나 괴롭냐? 선생님은 이런 일을 자주 겪어야 해."

지민이 9표, 소현이 12표, 영채 13표. 한 표 차이로 영채 그림이 뽑혔다. 지민이 낯빛은 어두워졌다. 소현인 싱글벙글, 영채는 '응? 내가 왜?' 하는 표정이다.

청소를 마치고 아이들 그림을 복도 벽에 붙이려고 테이프를 자르고 있는데 영채가 곁에 와서 그런다.

"선생님, 제 그림보다 소현이 그림이 색칠도 잘했고 내용도 좋아요."

"네 그림은 간결해서 눈에 확 들어오고 소현이는 도화지를 넓게 꽉 차게 그렸어. 그럼 너 소현이한테 양보할래?"

농담 삼아 던져 본 말에 주저 없이,

"네. 소현이가 저보다 확실히 잘 그렸어요."

"정말 괜찮겠어?"

"네."

이 녀석은 모든 일이 이렇다. 자신을 내세우지 않는다.

오늘 통일 포스터 작품 뽑는데도 비슷한 일이 벌어졌다. 첫 번째는 마음에 드는 작품에 맘껏 여러 번 손들어서 열 표 아래 받은 건 칠판에서 떼어 내고 남은 작품에 세 번 손들 수 있게 했다. 마지막 세 번째는 딱 한 번만 손들게 했다. 마지막에 두 작품만 남았을 때 영채가,

"선생님, 저 급하게 인천 가야 해서 학원에서 그렸고요. '통일의 염원'이란 글자하고 비둘기는 학원 선생님이 해 주셔서 제 작품은 내려야 할 것 같은데요."

영채의 말이 끝나자마자 조혜원이,

"저도 글씨는 아빠가 써 주셨어요."

하고 고백을 했다.

　아이들은 그럼 세 번째로 표가 많은 소현이한테 물어보자 했다. 소현인 '바늘과 실처럼 떨어질 수 없는 남과 북'이란 글씨와 내용을 그렸는데 혼자 생각하고 혼자 그렸다고 했다.

　결국 아이들은 세 작품을 가지고 다시 손들어 보자고 했다. 아이들은 현명하게 판단했다. 혼자 스스로 했다는 소현이 것에 손을 제일 많이 들어 주었다.

2005. 6.3 미 No.   Date

◇ 호준 아빠 ◇

아빠는 호준이 아침 인사를 받고
퇴근을 했으면 했다.
언제나 아빠는 보일 때쯤에 늦게 퇴가 했다.
하여 보니 호준이는 일찍 잠든 적들이 더
많아 보고 싶어서 함께 가고 싶었다.
아빠도 같이 놀아 주리도 못한
아빠 마음이 더 좋다.
호준아 앞으로 깊은 아침 사랑이랑 한번씩
있을 것이 웃겠지 ....
그래 호준 인형 하나라 친구랑 ...
밤 일찍 자고, 깨어나 많은 것들
준다 ... 사랑 한다 호준아.

호준 아빠

호준이가 어마만큼 컸나요?

같이 앉아 줄까요?   6개월인가? 호준이
얘기랑 한번 보세요. 하가 대답이 없더라구요.

모둠일기,
또 다른 세상이
여기 있었네!

6~7월 일기

우리 반에 전학생이 온다

차승현

날씨: 오전에는 '비 올까?' 했다. 근데 오늘 비 한 방울 안 흘렀다.

부끄러워!

오늘 '착한 어린이 상'을 받았다. 나는 민지한테 받을지 아니면 문영이한테 받을지 생각했다. 근데 갑자기 민지가 말했다. "야 너 일로 와." 거기는 민지 앞이었다. 좀 부끄러웠지만 나는 말했다. "알았어." 민지는 상을 읽었다. 내가 좋아하는 사람에게 받으니 마음이 좋다. 민지는 내 마음 알까? 내가 민지를 좋아하는 것을……. 민지 때문에 난 많이 울었다. 소현이는 "민지가 아깝다." 미안하다.

차승현 어머니

승현이가 학교에서 돌아오자마자 "엄마, 나 친구들이랑 찜질방 가기로 했어요." 아빠가 "위험하니 아이들끼리는 가는 게 아니야." 했더니 승현이 금방 풀이 죽고 만다. "같이 가기로 했던 형아 아빠도 간대요." "그래, 그럼 어른이 함께 가니 보내도 되겠네."

그렇게 승현이는 함박웃음과 함께 찜질방에 갔다. 승현이는 늘 무언가 조잘조잘 떠들어 댄다. 어떨 땐 너무 말이 많아 대답해 주기 귀찮을 정도다. "승현아, 남자가 너무 말이 많아. 너무 수다스러워." 하곤 했는데 우리 집 수다쟁이가 없으니 집이 너무 조용해 이상했다. 승현이의 형도 "엄마, 승현이가 없으니 너무 허전한 게 이상해." 했다. 승현이는 식구들 이런 마음도 모르고 찜질방에서 신나게 놀고 있겠지.

🌸 승현이가 집에서는 조잘대며 말을 많이 하나 보네요. 학교에서는 별로 말이 없거든요. 수다스러울 정도로 말을 많이 하는지는 몰랐네요. 학교선 혹시 좋아하는 동무 때문에 말을 아끼는 건가?

🌸 네. (승현)

송영채

날씨: 8시가 되어도 밖은 밝다. 여름은 찌고 찌는 더위인 것 같다.

새로운 전학생

오늘 우리 반에 전학생이 온다. 저번 주 금요일에 승현이가 말한 대로, 여자아이이며 키는 성수보다 조금 크고 성이 정 씨이고 이름이 혜원인가 혜인인가? 이름은 정확히 모르겠다. 나는 머리를 빗으면서 '전학생이 예쁠까? 안 예쁠까? 공부는 잘할까?' 온통 전학생 생각만 났다. 머리를 빗으며 '멋있나?' 전학생한테 잘 보이려고 했지만 파마를 해서인지 빗질을 하면 아프고 머리가 빗을 묶어서 잡아댕기면 얼마나 아프던지 머리도 헝클어졌다. 학교를 가면서도 온통 전학생 생각.

학교에 오니까 연주가 나보고 "너 파마했구나?" 하고 놀려 댔다. 그럴 때마다 울고 싶었다. 연주는 사물함 앞에서 딱지를 세고 있었다. 연주는 남자아이처럼 딱지가 그렇게 좋나. 물론 딱지를 남자만 가지고 놀란 법은 없다. 하지만 뭐랄까 말로는 표현을 할 수가 없다. 연주는 어째서 딱지가 좋은 걸까? 연주는 취향이 독특하네. 나는 연주랑 카드 갖고 표창 던지기 하면서 놀았다.

그때 원빈이가 축구부 옷을 입고 교실에 들어오더니 밖을 가리켰다. 말을 하는 거 같은데 뛰어왔는지 숨을 헐떡거렸다. 복도에는 키 작은 아저씨 아줌마하고 키 작은 여자아이가 있었다. 키는 작았지만 연주처럼 살이 통통했고 많이 놀아서인지 살이 조금 아니 많이 탔다. 그리고 안경을 썼다. 내가 기대한 것보단 아니었지만 좋은 아이인 것 같다. 그 친구와 친하게 지낼 수 있으면 좋겠다.

송영채 어머니

1. 동행

어제는 일요일이라, 미로에 있는 천은사에도 가 보고. 산에 오르기에는 조금 늦은 시간대라 산은 입구에만 잠깐 오르다 말았다. 차 안에서부터 산에 오를 때까지 잠시도 쉬지 않고 여전히 질문에 질문을 쏟아 내는 의문의 사나이 송영채! 뭐가 그리도 궁금한 게 많은지. 가끔 엄마도 혼란스러울 때가 있다. 이놈이 이걸 정말 몰라서 묻는지, 아니면 알고도 확인차 물어보는지. 앞으로는 질문은 짧게, 생각은 길게. 알았지? 그래도 사람 좋은 작은엄마가 너의 그 끝없는 질문을 웃어 가며 되받아 주더구나. 동서야! 어제는 고생했다. 질긴 놈 만나서 말동무해 주느라고…….

천은사 입구쯤에서 '유라'라는 영채 반 친구를 만나니 반가웠나 보다. 영채는 반가워서 좋아라 뛰어가는데, 저만치에 서 있던 그 친구 부모님 앞을 지나가면서도 먼저 알은 척 인사를 할 수 없었다. 글쎄, 왜일까? 안면이 없어서 잘 모르기 때문이기도 하지만 왠지 쑥스러웠다. 저만치 영채와 동서를 앞세우고 혼자 뒤따르며 많은 생각을 한다.

선생님! 대신 좀 전해 주세요. 죄송하게 생각한다고…….. 유라 어머님! 죄송합니다.

2. 이십 년을 함께 같은 길을 걸어온 선배님들

아무리 작은 일이라도 최선을 다하는 그런 열정으로 후배들을 이끌어 주셨는데, 이놈의 실용주의가 뭔지……. 잠시 회의를 느낍니다. 금요일 모임 자리에서 담담히 웃어 주시는 선배님 얼굴에서 인생의 절반을 살아 낸 여유와 왠지 모를 쓸쓸함, 뭐 이런 걸 느낄 수가 있었지요.

선배님! 떠나는 자의 아름다운 뒷모습을 보여 주셔서 고맙습니다. 웃어 주셔서, 여유를 보여 주셔서, 이 또한 고맙습니다. 앞으로 살아가면서 선배님들의 그런 모습 닮아 가고자 노력하겠습니다. 산에 가실 때 꼭 불러 주세요. 그 길은 함께 하지요.

선생님! 새 노트 장만하셨네요? 축하드립니다. 뒤에 작품들 읽느라 늦은 밤 피곤한 줄도 모릅니다. 참 좋은 분들 같아요. 그런데 어쩐대요. 저는 억울합니다. 그동안 이런 좋은 분들과 함께 하지 못했다는 것이……. 하지만 고맙습니다, 선생님. 저처럼 이렇게 게으른 사람에게도 둘레에 좋은 분들 뵐 수 있는 이런 기회를 마련해 주셔서 정말 감사합니다.

✦ 직장마다 명퇴 신청으로 뒤숭숭하군요. 다른 부모님 모둠일기에도 명퇴 신청하신 분들로 울적해진 마음을 담았더라고요. 사람 중심이 아니라 일 중심, 자본이 중심이 되는 세상……. 미쳐 돌아가는 세상에서 정신 바짝 차리고 흔들리지 말고 살아야겠습니다.

김지민

날씨: 아침에는 조금 쌀쌀했고 오후에는 쌀쌀하면서 흐린 날씨였다.
과학 시간 꽃

과학 시간에 '꽃'이라는 단원을 배웠다. 오늘은 꽃을 관찰하고, 여러 가지 꽃의 공통점과 차이점 알아보기와 꽃과 곤충의 관계 알아보기를 했다. 나는 여러 가지 꽃의 공통점과 차이점을 알아보는 데서 꽃을 특징에 따라 분류하는 것이 재미있었다.

그리고 꽃과 곤충의 관계 알아보기에서……. 나는 벌이 꿀을 먹고 쉬는 줄만 알았다. 꽃에게 이로움을 준다는 것과 꽃가루를 운반해 준다는 것은 알았지만……. 그 이유를 제대로 알지 못했는데, 오늘 과학 수업을 통해 잘 알게 되었다. 다음 과학 시간에는 여러 가지 꽃을 해부하기도 하고 꽃 사전을 만들 수도 있다고 했다. 다음 과학 시간이 너무 기대되어 과학 시간에 만들 꽃 사전 자료를 찾아 두었다.

여름이 다가오는데도 아침저녁으로는 여전히 쌀쌀하다. 큰애를 중학교까지 등교시켜 주고 출근길 십여 분 동안에 나만의 시간을 가져 보았다. 음악 볼륨을 높이고 노래 가사를 흥얼거리며 오늘도 즐거운 하루의 시작을 위해…….

출근을 하니 결제 서류에 선배들 명예퇴직 명단이 눈에 들어왔다. 열일곱 명! 이 중 절반은 나와 생사고락을 같이 했던 선배들이다. 새 정부가 들어서면서 공무원 연금을 일반 연금과 비슷한 수준으로 조정한다는 소식에 공직 사회에 명예퇴직 바람이 불고 있다.

나의 공직 생활 십육 년, 공휴일도 없이 일 년 열두 달의 칠십 퍼센트 이상을 가정보다는 직장에서 보냈기에 선배들 명퇴 소식은 나를 쓸쓸하게 했다. 그래도 나는 사랑하는 가족이 있기에, 나를 믿는 가족이 있기에 오늘도 웃는 얼굴로 마음속에 파이팅을 해 본다.

추신: 요일별 웃는 날

월요일은 원래 웃는 날, 화요일은 화사하게 웃는 날, 수요일은 수수하게 웃는 날, 목요일은 목욕하고 웃는 날, 금요일은 금방 웃고 또 웃는 날, 토요일은 토끼처럼 웃는 날, 일요일은 일단 웃고 보는 날. "매일매일 웃으면서 사는 사람이 건강한 사람입니다."

★ 직장마다 뒤숭숭한가 봅니다. 어디 일터만 그런가요? 사회 전체가 요동치고 있으니……. 대통령 한 사람 바뀌었다고 이렇게 나라 전체가 흔들려서야 원! 우리 아이들이 살아갈 세상은 지금보다는 좀 더 안정되고 평화로웠으면 좋겠어요. 지민 아빠의 모둠일기, 참 고맙고 반갑네요. 지민인 아빠처럼 해양경찰관이 되는 게 꿈이라지요?

날씨: 기압골의 영향을 받았고 강원 남부 동해안(동해, 삼척)에는 비가 내린다고 했다. 그러나 비가 올 듯 말 듯 했지만 비는 오지 않았다. 좀 쌀쌀하고 기온은 최고 23도, 강수량 0미리, 습도는 85퍼센트, 풍향 동북동, 풍속 1.60미터퍼 세크이다.

전학생

우리 반에 전학생이 왔다. 이름은 정혜윤이고 경기도에서 전학을 왔다고 한다. '와! 그 멀리서…….' 그리고 지금은 석미 아파트에 산다고 한다. 처음 혜윤이를 봤을 땐 '에이! 나보다 작고 못 생겼잖아.'라는 생각을 했지만 시간이 지나니 친해지고 싶다는 생각이 들었다. 그래서 '말이라도 걸어 봐야지.' 생각을 했지만 도무지 그럴 용기가 나지 않았다. 그리고 쉬는 시간에 연주랑 이혜원이랑 혜윤이랑 말하는 것을 보았는데, 혜윤이가 많이 어색해하는 것처럼 보였다. 나도 정라초등학교로 전학 왔을 때 어색하기도 하고 설레기도 했는데, 혜윤이도 그런가 보다. 혜윤이가 여기로 전학 온 이유는 좀 말하기 곤란하다 했는데 궁금하다.

날씨: 퇴근길에 하늘을 쳐다보니 회오리 바람 모양을 한 검은 먹구름이 까마득하네요. 새벽녘엔 비가 오겠죠?

오늘은 일찍 퇴근길에 오르고 보니 집에서 반가워할 아이들 생각에 기분이 머쓱해지네요. 아들 녀석은 "엄마 어쩐 일이야?" 하고 첫마디를 던지네요. 이럴 때면 참 미안해지죠. 일찍 집에 온들 딱히 아이들과 시간을 많이 보내 주지는 못하는데, 그래도 엄마가 집에 있으면 좋은가 봐요.

오늘은 아이들과 할머니랑 비빔면을 해 먹었지요. 면을 시원하게 씻어서 총각김치랑 사방사방 비벼 놓았더니 아이들이 너무 좋아하네요. 저도 맛있게 먹었답니다. 선생님께도 한 젓가락 드릴게요. 그리고 어제 빌려 놓은 비디오 한 편으로 오늘 일과를 마무리하려고 합니다. 희홍이는 공포 영화를 좋아해요. 어제는 희홍이에게 바이킹을 태워 주었는데 얼마나 스릴을 느끼던지……. 엄마인 나는 보는 것만으로도 눈을 감아 버렸는데 말이에요.

희홍이는 보기에는 굉장히 여성스러운 것 같아도 실제로는 담력이 있는 강한 아이인 것 같아 걱정이 조금 덜 되네요. 시간이 되면 되는대로, 안 되면 아껴서라도 아이들이 좋아하고 하고 싶어하는 일들을 같이 해 주면서 인생을 같이 한다면 아이들과 벽 따윈 쌓이지 않겠죠. 친구처럼 편안한 하루하루를 보내면서 말이죠. 저는 우리 아이들이 건강하게만 자라 준다면 더 바랄게 없어요.

선생님도 건강하시고 희홍이 친구들도 사이좋게 좋은 추억으로 초등학교 시절을 보내렴. 그럼 모두 안녕히.

✦ 저녁 8시 50분이 일찍 퇴근하시는 거라니, 정말 일감이 많으신가 봐요. 아이들이 좋아했겠네요. 어머닌 어머니대로 아이들과 함께하는 시간을 많이 가지려고 애쓰실 것 같아요. 일감 옆으로 조금 밀어 놓고 아이들과 시간 좀 더 같이 가지세요. 그게 남는 거예요. 아이들과 늘 함께 있지는 않을 테니까요.

6월 3일 (화)
돈이 인생의 전부는 아니잖아요

김나영

날씨: 흐리고 저녁이 되려 하니 비가 조금씩 왔다.

아빠처럼 경찰이 되고 싶다

우리 아빠는 경찰이다. 학교에서 '부모님 일터 체험'을 했을 때 난 아빠를 따라갔다. 수갑도 있고 총도 있고……. 그런데 아빠 하는 일은 몇 가지일까? 내가 짐작하는 것은 도둑을 잡고, 음주 단속하고, 과속 차량 측정하고, 나쁜 사람 수갑 채우고……. 이때까지 몇 가지나? 벌써 네 가지. 더 많겠지? 하나 더, 마을 주민 보호해 주는 것.

우리 아빠 파출소는 산꼭대기를 지나 하장이란 곳에 있는데, 하장 파출소 옆엔 바로 초등학교다. 난 그때 '와, 이 학생들은 좋겠다. 경찰서가 바로 옆에 있으니…….' 하는 생각을 했다. 삼척초등학교도 옆이 파출소이고, 우리 학교 후문 옆에도 경찰서가 있다. 그치만 앞문으로 가는 애들도 경찰 아저씨나 아줌마가 지켜 준다.

나는 가끔 빨리 커서 경찰을 하고 싶다는 생각을 하지만 어차피 아직 십일 년쯤은 더 있어야 한다. 십일 년 뒤엔 나도 결혼해서 애 낳고 경찰이 되어 있으면 좋겠다. 우리 반 여자애들이 나한테는 경찰 직업이 어울린다고 하는데 그 이유는 나도 알고 있다. 난 남자애들을 잘 패기 때문이다. 1~3학년까진 남자애들이 '조폭 마누라'라고 했는데 5학년부턴 '나앵이'라고 했다.

우리 아빠는 어렸을 때 경찰이 꿈이어서 되었을까? 아니면 직업이 마땅히 없어서 그랬을까? 물어보고 싶다. 커서 아빠처럼 경찰이 되는 것은 세상을 사는 데 꼭 이루고 싶은 꿈이다.

★ 나영, 경찰이 되고 싶은 까닭을 다시 한 번 잘 생각해 보길 바란다.

김나영 어머니

며칠 전 일이다. 나랑 막내둥이(남규)의 생일이었다. 양력으로 생일이 똑같아 나랑, 남규가 생일을 같이 챙겼다. 학교를 마치고 돌아온 나영이가 "엄마, 선물 무엇을 해 드릴까요?" 하고 물어, 나는 "신발이 갖고 싶은데." 하고 말했더니 나영이는 "알았어요." 하고 말하였다. 나는 "신발이 조금 비싼데……." 하고 떠 보았더니 나영이는 "얼마인데요?" 나는 농담 삼아 "오만 원인데." 하고 웃으면서 말했다. "저 오만 원 있어요. 그 돈으로 사 드릴게요." 하고 말하였다. 나는 "그럼 니 용돈이 없잖아?" 하고 물었더니 뜬금없이 "엄마, 돈이 인생의 전부는 아니잖아요." 하고 말하는데 나는 갑자기 우리 나영이가 이렇게 많이 컸구나 하고 내심 기쁘기도 하고, 언제까지나 마냥 동생하고 싸우는 철부지 나영이인 줄만 알았는데 그것이 아니었구나 하는 생각을 하게 되었다.

엄마를 닮아 눈물도 많고 삐지기도 잘 삐지는 나영아! 항상 친구들과 사이좋게 친하게 지내길 바란다.

★ 우와, 나영이. 정말 멋지네요. 하여간 터프하다니까요. 오빠와 남동생 두 남자 사이에서 나영이 성향도 활달한가 봐요.

김세연

날씨: 흐리고 비가 조금 왔다.

육상 연습

오늘 나는 8시 20분에 육상 연습을 하려고 운동장에 갔다. 가니까 거의 다 와 있었다. 교감 선생님 모습은 보이지 않고, 축구 감독 선생님과 홍상준 선생님과 여러 애들이 있었다. 달리기를 하고 있었다. 다행히 아직 5학년들은 안 했나 보다. 4학년 달리기가 끝난 후, 5학년 달리기를 했다. 난 4등을 했다. 완전 헐이었다. 근데 축구 감독님이 나한테 "니 자리 선으로 가. 다른 사람 선으로 가면 어떡해? 다치면 어떻게 하려고?" 너무 화가 났다. 하지만 꾹 참고 아무 일 없었다는 듯 있었다. 달리기를 다하고, 선생님이 멀리뛰기도 모두 다 한다고 했다. 나는 긴장했다. 멀리뛰기를 하고 있었는데 선생님이 시간 다 됐다고 했다. 난 가는 길에 '내가 연주랑 같이 우리 반 대표로 나가는 거니까 열심히 해야겠다. 근데 엄마가 잔소리 하면 어떡하지? 걱정된다.' 진짜 열심히 해야겠다.

흐린 날씨 탓인지 아침부터 기분마저 가라앉은 상태로 보낸 하루, 취미 생활에 하루를 바치고 왔다.

세연아, 엄마가 세연이 육상 하는 것에 반대한다고 해서 너무 속상해하지는 마. 엄마는 세연이가 운동하는 것보다 공부 좀 했음 해서 하는 말이니까. 이왕이면 엄마 부탁 좀 들어주면 좋겠다. 우리 세연이는 엄마의 예쁜 딸이니까 분명 해 줄 것이라 믿는다. 운동은 나중에 취미 생활로 해도 늦지는 않는다. 알았지? 좀 전에는 화내서 미안하고 운동 얘긴 없던 걸로 하자. 부탁해.

✦ 길어야 열흘 연습해서 대회에 한 번 나가는 거예요. 그것도 공부 마치고 연습하는 것이니 공부에 별 지장이 없습니다. 너무 염려 마시고요 격려해 주세요.

날씨: 눅눅하고 빗방울이 조금씩 떨어졌다.

엄마는 왜!

우리 엄마는 왜 모둠일기 쓰는 걸 싫어하실까? 우리 엄마는 부담스럽다는데……. 우리들은 맨날 일기 쓰는데……. 그럼 우린 엄청 부담스럽겠네……. 나는 엄마의 말이 이해가 안 간다. 엄마가 나한테 설명해 줘도. 엄마도 무슨 이유가 있을 거야. 그런데 오늘 엄마의 답변을 듣고 싶어. 엄마한테 부탁하는 건데요. 제가 이게 궁금하거든요. 엄마 답변해 주세요.

주순영 선생님께

선생님의 글, 잘 읽었습니다. 어떤 뜻으로 모둠일기 쓰기를 했는지 짐작했고 그럴 거라 생각했습니다. 큰 뜻 이해하지만 여전히 부담스럽네요. 지금 옆에서 혜원이가 도대체 엄마를 이해할 수 없다고 중얼중얼 거립니다. 선생님이 하시는 건 무조건 찬성, 엄마가 하는 얘기는 무조건 딴지부터 거네요. 너무 얄미워요. 엄마도 엄마 생각이 있는데 왜 이해가 안 되는지……. 모둠일기 안 쓴다 할까 봐 지레 겁을 먹고 먼저 선수를 치는 것 같습니다. 얘기가 옆으로 샜지요?

선생님 글을 읽고 조금은 부담을 덜려고 합니다. 그리 오래가지 않을 거라 하니 다행입니다. 좋은 뜻으로 시작한 일이니 생각을 달리해 잘 따르도록 노력하겠습니다. 앞으로 5학년 1반 그리고 우리 혜원이 잘 이끌어 주시고 좋은 가르침 부탁드립니다.

이혜원 보아라. 혜원이 모둠일기 쓴 걸 보니 따라쟁이 같애. 어떤 친구가 '미국 쇠고기 수입 반대'에 대해서 쓰면 따라 쓰고 어떤 친구의 엄마가 '모둠일기 못 쓰겠다.' 하여 꼭 써 달라고 하는 일기가 있으면 또 따라 쓰고. 엄마는 너무 마음에 안 든다. 너 엄마랑 얘기할 때 이해하는 것 같더니 일기에는 이해 못 한다고 썼더라. 친구들, 선생님, 엄마, 아빠 생각에 니 생각을 정립시키지 말고 니 스스로 생각해서 글을 쓰고 행동했으면 한다. 될 수 있으면 긍정적인 생각, 좋은 방향으로 생각했으면 좋겠다. 요즘 이모랑 너무 열심히 잘하는 것 같아서 엄마는 너무 좋다. 앞으로도 더 잘할 거라 믿고 그리고 너무너무 사랑한다.

✦ 혜원 어머니! 이해해 주시고 받아들여 주셔서 고맙습니다. 무거운 맘 내려놓고 좀 더 편안하게 끄적거리세요. 혜원 엄마 일기 좋기만 한데요 뭘.

박조한

날씨: 아침에는 우산 챙기느라 바빴고 흐리고 저녁에는 비가 살살 오는 날씨였다.

축구 조금 하는데…….

아침에 딱지 하는 아이들이 없어서 아이들과 나가서 놀았다. 축구를 조금 했다. 해도 없는 좋은 날이었다. 나는 축구부들이 있어서 조금 신경 쓰였다. 왜냐하면 나는 축구부를 그만둬서이다. 그 이유는 조금 부끄럽지만 얼굴이 타서 그렇다고 했다.

그런데 지금 축구부가 연습을 하고 있다. 나는 아이들과 반대편에서 축구를 했다. 9시가 될 쯤 어디서 나를 부르는 듯한 소리가 들렸다. 나는 신경을 쓰지 않았다. 그런데 또 한 번 소리가 들렸다. 그래서 나는 뒤를 돌아보니 축구부 감독 선생님이 "니, 얼굴 탄다매? 축구부도 안 하면서. 빨리 들어가!"라고 했다. 나는 깜짝 놀랐다. 축구는 자기가 하고 싶으면 하고 안 하고 싶으면 안 하는 건데 축구부 감독 아저씨, 너무 하셨다.

박조한 아버지

2008년 어느덧 반 세월이란 문턱에 와 있네. 세월은 너무나 빨리 지나가는구나. 조금만 더 있으면 여름도 오겠지. 우리 조한이 많이 힘들지?

학원에다 학교 수업에다……. 열심히 잘해 주는 조한이 볼 때마다 아빠는 마음이 그렇게 좋지는 않단다.

공부도 중요하지만 운동도 열심히. 공도 친구들과 많이 차고 얼굴이 좀 검게 그을린다고 뭐랄 사람 없어. 모든 일에 충실하고 부모 공경하고 어르신들께 인사성 바른 그런 조한이 되길 아빠는 진심으로 바란다.

그리고 담임 선생님께 부탁드리고 싶은 것은 조한이, 아빠 관점에서 볼 때 너무 이기적인 면이 있는 것 같은데 잘못된 길을 가면 사랑의 매로 대해 주셨으면 합니다. 선생님 고맙습니다. 건강하세요.

★ 조한이가 요즘은 그렇지 않아요. 남도 잘 챙기고 배려하는 마음도 보여요. 너무 걱정하지 않으셔도 앞으로 더 넉넉한 조한이가 될 거예요.

요즘 아이들은 불쌍한 것 같다

최철호

날씨: 비가 내리다가 그쳐서 다행이다.

학교 안에서

오늘 학교가 끝나고 학원에 갈 때 다빈이와 재건이 그리고 재건이 동생이 놀자고 했다. 나는 알았다고 하고 만화책을 봤다. 놀기 전에 재건이와 다빈이가 먹을 것을 사러 간다고 했다. 나는 계속 만화책을 보는데 재미있는 장면이 나와서 재건이 동생한테 보여 주면서 책을 읽었다. 잠시 후 아이스크림을 들고 오는 재건이와 다빈이가 보였다. 아이스크림을 한 개씩 주고 재건이는 박조한과 축구를 하러 가고 나머지 우리는 탈출 놀이를 했다. 하다가 재미없어서 축구를 같이 하러 갔다. 시간이 지나자 재건이와 재건이 동생은 간다고 하고 조한이는 다른 애들과 축구를 했다. 다빈이와 나는 철봉 거꾸로 매달리기 시합을 하자고 했다. 시작을 하고 오 분이 지나자 내가 다시 하자고 했다. 일단 쉬고 다시 시작을 했는데 벌

133

이 내 머리 밑에 있어서 내려와서 밟았다. 다시 시작을 했는데 다리가 너무 아팠다. 너무 아파서 할 수 없이 내가 졌다고 하고 끝냈다.

최철호 아버지

아침부터 내린 비로 현장 일들은 미루어지고, 미뤄 두었던 서류 정리로 하루 종일 컴퓨터와 씨름하고, 조금의 여유로움도 즐기고, 오랜만에 이곳저곳 인사도 할 겸 안부 전화도 하고, 그래도 시간이 남아, 지난 주말 축구회 가족 야유회에서 찍었던 사진이 생각나 카메라 사진을 정리하였다.

아무런 생각 없이 찍었던 사진들! 대부분 아이들이 뛰노는 모습들이었다. 그날은 하늘도 맑고, 화창한 날씨에, 넓은 잔디 운동장이라, 아이들만큼이나 싱그러움이 더했고, 그 위로 철없이 달리는 아이들과 함께하는 나 또한, 그날만큼은 마음이 아이들과 동화되는 듯했다. 그런 마음이 하나 둘 사진 속에 배어 있는 듯, 어느 것 하나 버릴 것이 없다. 순간 순간 셔터의 느낌은 그 순간을 그려 넣기에 바빴고, 그동안 바쁘다는 핑계로 함께해 줄 수 없었던 미안함도 함께 담아 두고 싶었다. 아빠도 함께 했다는 증거를 남기듯이…… 한 장, 한 장 넘길 때마다 입가에 미소가……. 아이들 마음 한 켠에 있을 그동안의 서운함이 조금이나마 아빠에 대한 신뢰감으로 쌓여 갔으면 한다.

★ 철호 아빠 마음에 공감해요. 하루가 다르게 자라는 아이들, 이 아이들의 일상을 그냥 담아 두었던 것이 이런한 추억과 웃음으로 돌아오더군요. 작은 것도 자료를 모아 두고, 기록해 두면 큰 재산이 될 것 같아요. 아이들이 있어 행복한 날들입니다.

날씨: 괜히 우산 가지고 왔다. 아침에도 방과 후에도 날씨는 흐릴 뿐, 비가 오지 않았다. 그런데 오늘 저녁, 도화지를 사러 가는데 비가 왔다. 이게 뭐냐고요.

모둠일기

드디어, 오늘 내가 모둠일기를 쓰는 날이다. 나는 우리 모둠 애들 일기를 봐서 좋은데, 엄마는 어쩐지 싫어한다. 오늘 아빠한테 부탁하려고 마음먹었는데 회사 가시고……. 내일 돌아오시면 너무 피곤해하실 테고……. 엄마밖에 없다! 근데 엄마는 이걸 받으면 싫어하는 눈치다. 드라마 때문? 아님 귀찮아서? 아님 글쓰기 실력 없다고 그런 걸까? 나는 엄마가 이렇게 쓰는 일기보다도 내 생활에 관한 일기를 듣고 싶다. 내 성격, 생활 같은 걸 보면서 느끼는 그런 글을 원한다. 물론, 난 엄마가 밤늦게 들어와 마지못해 쓰는 글도 좋지만, 억지로 써낸 글은 싫다. 엄마, 쓰기 싫으면 쓰지 마세요! 제 손해도 아니니까요!

✦ 엄마는 나름대로 열심히 하셨으니 이젠 아빠가 딸의 일기장에 써 주실 날을 손꼽아 기다려 봐. 사실 아빠의 속마음은 다를 수가 있거든. 무척이나 관심이 많고 그러실 거야.

날씨: 비가 와서인지 기분이 별로이다.

지구 온난화 그림

오늘 숙제는 지구 온난화 그림이다. 그래서 인터넷에 지구 온난화라고

첬다. 그런데 마음에 드는 게 없어서 상상으로 지구가 부채질하는 거 그
렸다. 그런데도 너무 비어 보여서 에어컨과 선풍기, 해를 그렸다. 그런데
도 비어 보인다. 그래서 결국 땀도 그렸다. 수건을 그려도 무엇을 그려도
비어 보인다. 결국 지구가 먹지도 않는 물, 물컵을 그렸다. 그런데 기영이
형이 자꾸 휠체어 탄 지구를 그리라고 했는데 그걸 그릴 걸 후회된다.

오늘은 새벽부터 하루가 너무 바빴다. 초, 중, 고 세 아들을 등교도 못
시킨 채 태백 문화 예술 회관으로 향했다. 오늘은 회사 위생 교육이 있는
날이었다. 아침 8시 50분 도착. 9시에 시작이니 그래도 십 분의 여유는
있었다. 등록을 마치고 잠시 아이들이 학교에 시간 맞추어 잘 갔는지 궁
금해지기 시작했다. 그냥 직원을 보낼걸……. 두 가지 마음이었다. 하지
만 새로 개정된 식품법과 준수 사항을 한 번쯤은 직접 들어야겠다는 생
각에 참석하게 되었다. 내용은 지금까지의 모든 요건보다 더 세분화, 청
결, 정확이었다. 교육을 마치고 집으로 오면서 많은 생각을 해 보았다. 지
금까지는 어쩌면 대충이 통하는 시절이었지만 이후부턴, 규칙에 따라 세
세하게, 정확하고 안전하게. 학교도 마찬가지가 아닐지…….

우리 시절은 그냥 자유 그 자체로 학교와 집 생활을 했지만 지금 아이
들은 너무나 불쌍한 것 같다. 엄마 아빠의 사랑을 받을 시간도 없이 학교,
학원을 전전하다 지친 몸으로 집에 들어온다. 쉬고, 놀고 싶지만 현실이
이렇게 만드니 행여 우리 아이가 이 첨단 세월에 적응을 못 할까 봐 두렵
기도 한 날이었다. 언제쯤 즐거운 마음으로 놀면서도 머리에 쏙쏙 들어

올 수 있는 공부가 발명될는지……. 어느 분이 시들어 가는 우리 애들이 흥미롭게 공부하는 방법을 발명해 주세요. 어느 소식지에서 한국 아이들의 공부에 대한 흥미도가 20위 중 19위라 하네요. 걱정입니다. 많은 시간과 노력에도 불구하고 말이죠. 조용한 밤 거실에서 형래 맘이 몇 자 적었네요.

★ 형래 어머니, 촉촉이 비가 내리네요. 저는 그래요. 아이들의 행복을 미래로 미루지 말자. 지금 바로 이 순간 행복해야지요. 다가올 불확실한 미래를 위해 오늘 모든 것을 미루고 힘들게 살아야 할까. 그래서 저는 이 나이에만 할 수 있는 경험들을 놓치지 않게 하려고 많이 놀린답니다. 제 둘레 사람들이 그래요. 불안하지 않냐고요. 전 사실 불안하지 않거든요. 하루하루 행복하게 지내는 아이들이, 스트레스도 없고 자기 정체성도 확실하게 갖게 된다고 보거든요. 지적하셨듯이 오이시디(OECD) 국가에서 우리 나라 학생들의 학업 흥미도가 꼴찌라고 하잖아요. 오죽하면 '학습 노동'에 시달리는 대한민국의 아이들이라 할까요?

공석민

날씨: 싸늘했다.

엄마도

나는 엄마도 모둠일기를 쓰면 좋겠다. 그 이유는 매일 아빠만 쓰기 때문이다. 엄마는 뭐 글씨 잘 못 쓴다고 안 쓰나? 엄마가 쓰는 일기를 보고 싶다. 아빠가 쓰는 글씨체는 막 꾸미는 것이다. 엄마 글씨체는 잘 모른다. 엄마는 일기를 써 주질 않기 때문이다. 고작 글씨체 하나 못 쓴다고 내용이 짧을 거라고 안 써 주나. 나는 써 주기라도 하면 좋겠다.

석민아, 아빠야!

아빠는 오늘 삼척 우체국 앞에서 있었던 촛불 집회 장소에서 근무를 했단다. 만약의 일에 대비하여서다. 전국적으로 행해지는 촛불 집회다 보니 삼척에서도 집회를 하는구나. 비가 내려 참석자는 많지 않았단다. 아빠는 경찰이니까 집회를 막는 일이고 또 불법 집회가 되지 않도록 유도 및 질서 유지를 하는 일을 하였단다. 석민이는 아직 어려 잘 모르겠지. 촛불 집회 하는 인근에서 서글프게 내리는 빗방울을 맞으며 아빠는 이런 현실이 안타까울 뿐이다. 더 이상도 더 이하도 아닌.

석민이는 너무 어렵게 생각할 건 없어. 단순하게 생각하고 나이에 맞게 행동하고 공부 열심히 하며 정직하게 살아 주면 되지. 그치? 다음에는 석민이가 엄마의 일기를 보고 싶다고 하니 능력껏 엄마가 일기 쓰게 만들어 봐라. 파이팅! ─석민 아빠가

✦ 비 오는 궂은 날에 고생 많으셨네요. 춥지는 않으셨는지요. 촛불 들고 나온 사람과 지켜 주러 나온 사람들 마음이 서로 다르진 않을 거예요. 좀 더 나아질 세상, 우리 아이들이 행복하게 살아갈 세상을 꿈꾸며 열심히 살아야겠어요.

나도 학원 조금 쉬면 좋겠다

김연주

날씨: 비가 왔다.

학원 갔다 오면 피곤해

오늘도 역시 하버드 학원에 갔다가 체육관을 갔다 집에 오니 7시 34분 쯤이다. 역시나 너무 피곤하다. 하버드 학원에서 한 시간 이삼십 분쯤 공부하다 보면 5시 40분인데 끝나서 체육관 가면 6시다. 엄마한테 피곤하다고 하니 엄만 그냥 가라고 한다. 돈이 아깝다고.

엄만 딸이 중요한 걸까 돈이 중요한 걸까? 궁금하다. 엄만 분명 "엄마는 딸이 더 중요하지." 할 것 같다. 하지만 그게 정말인지 궁금하다.

나도 학원 조금 쉬었으면 좋겠다. 체육관만이라도 좋으니 제발!

✿ "미투" (채은)

연주가 태권도 다닌 지가 일 년을 훌쩍 넘겼네. 그동안 실력도 많이 늘고 그 실력을 인정도 받았지. 노인 잔치에서 아빠가 우리 딸 최고라고 그렇게 좋아하는 모습, 처음 봤단다. 그래서 엄마가 욕심이 자꾸 생기나 보다. 우리 연주는 힘이 들어 지쳐 가는데……. 기왕 시작한 거 엄마 욕심으론 단증만 땄으면 했는데. 그럼 아빠랑 의논해 보고 며칠 안으로 결정해 줄게. 힘들어도 조금만 참아 줘. 연주야 사랑해!

✷ 많이 힘들 땐 좀 쉬었다가 해 보는 것도 괜찮지요. 연주 어머닌 연주 마음 잘 헤아려 주실 것 같아요. 한 발 뒤로! 두 발 앞으로!

김성수

구몬 선생님

오늘 학원 끝나고 집에 와서 치킨을 먹었다. 나는 양념 치킨과 콜라를 먹고 있었다. 그런데 문에서 "딩동딩동."이라고 소리가 났다. 나는 긴장이 되었다. 왜냐하면 구몬 선생님이 올 걸 뻔히 알고 있었기 때문이다. 그리고 숙제도 하지 않고 있어서 혼날 것 같았다. 그래서 문을 열어 주기 싫었지만 열어 주었다. 크게 혼이 날 뻔하였지만 그렇게 많이 혼나지는 않았다. 그러니 너무너무 다행이었다. 휴.

✷ 성수야 글씨 왜 이러니?

성수야, 지금 혼나지 않은 걸 다행이라 생각하지 말아라. 그런 생각이 너 자신을 망칠 수 있단다. 혼나야 할 상황에 혼나지 않을 땐 너무 어이없어 그럴 수도 있어. 그때 상황을 벗어났다 하여 안일한 생각은 하지 마라. 그런 생각을 하면 머지않아 더 큰 어려움이 닥쳐올 수도 있어. 그러니 성수, 지금 상황은 안도할 때가 아니라 더욱 긴장할 때인 것 같구나. 성수도 같은 생각이면 좋을 것 같은데……. 항상 열심히 해. 알았지? 성수는 잘할 수 있어. 아빠 성수 믿는다.

★ 성수가 학습지도 하고 학원도 다니고 그러네요. 자주 힘들어해요. 하지만 포기하지 않고 해 나가네요. 많이 힘들어하면 좀 쉬었다 갈 수 있게 해 보세요. 오늘도 아파서 조퇴 맡고 갔네요.

6월 8일(일)
아빠와 너의 대화 창구를 만들게

박다빈

날씨: 아침이랑 낮까지는 날씨가 좋았는데……. 저녁이 되니까 비가 촬촬촬 왔다.

엄마와 민혁이의 트럼프, 원카드

민혁이가 엄마한테 "엄마, 트럼프해요." 하며 조르니 엄마가 해 주신다. 엄마는 자꾸 카드가 하나가 되면 "원카드." 외치신다. 계속 민혁이는 "아니에요." 엄마는 트럼프가 뭔지 모르신다. 그런데 민혁이는 엄마가 답답한지 그냥 넘어간다. 엄마는 좀 하다가 감이 잡혔는지 잘하신다. 맨날 저녁마다 한다고 해서 민혁이는 신났다.

박다빈 아버지

십이 년 전, 다빈이가 태어나기 전 뱃속에 있을 때, 다빈이에게 할 말도

142

많고 해 주고 싶었던 말도 많아서 육아 일기를 쓰기로 약속했는데 그 약속을 지키지 못한 것 같다. 이 세상 모든 아빠가 그러하듯이 아빠가 다빈이를 만나기 위한 시간은 너무도 흥분되었단다.

다빈아! 아빠 무섭지? 그런데 아빠가 너를 혼내고 야단을 치고 하는 모든 일들이 아빠의 사랑이라면 거짓일까? 아빠는 솔직히 너에게 좀 더 나은 세상을 보여 주고 다빈이가 세상을 살면서 남들에게 손가락질 받지 않았으면 해서 엄했던 것 같다. 이제 와 생각하니 너에게 야단을 치고 훈계를 할 때 이성적으로 판단하지 못하고 감정에 사로잡혀 열을 낸 적이 많았던 것 같아 미안하다. 대신 하나는 약속할게. 이제 아빠와 너의 대화 창구를 하나 만들게. 노트도 좋고, 싸이월드도 좋고, 우리가 하고 싶은 얘기들을 서로 적어 보자. 그러면 서로를 이해하는 데 좀 더 쉬울 것 같다.

모둠일기란 걸 쓰면서 생각해 보니 아빠는 5학년 1반 시절에 무슨 생각을 하고 살았는지, 그때는 부모님께 무슨 말이 하고 싶었는지, 머리가 나빠서인지 아님 그 시절을 떠올리기 싫어서인지 잘 기억나지 않는다. 아빠도 그때는 공부하고 친구들과 깔깔대며 웃고 또한 지금의 남자아이들처럼 싸우고 했겠지? 웃음이 나기도 하고 좀 민망하기도 하네.

우리 다빈이는 먼 훗날 아빠 나이가 되어서 지금의 네 모습을 떠올렸을 때 즐거운 생각만 났으면 하는 생각이 든다. 하고 싶은 말은 무지하게 많은데, 아빠가 글을 잘 못 써서 오목조목 쓰지를 못하겠다. 하지만, 아빠가 말했듯이 싸이월드나 편지를 통해서 좀 더 얘기를 하다 보면 우리의 사랑이 커지지 않겠니?

횡설수설이다. 아빠는 몇 시간 뒤면 또 광주에 간다. 곤히 잠든 다빈이를 뒤로한 채 떠나기는 싫지만, 우리 가족의 좀 더 나은 미래를 위해 조금만 참자. 담에 삼척에 돌아올 때는 아빠가 삼척으로 발령을 받아서 오겠네. 그때 우리 웃으면서 또 보자! 다빈아! 아빠는 다빈이를 믿고 또한 사랑한단다. 우리 그때 보자. －사랑하는 아빠가

✦ 다빈이 마음을 헤아려 주고 도닥거려 주는 자상한 아빠시네요. 늘 아빠를 그리워하는 다빈이. 빠른 시간에 삼척에 발령 받아 오시길 기원합니다.

한홍비

날씨: 오늘 아침에는 화창하였다. 용빈이는 "와, 오늘도 날씨 좋다!" 하며 좋아라 한다. 낮은 너무 더워서……. 나만 그런가?!

삼겹살 사기

혜윤이와 문선호, 그리고 이동제가 늦게 왔지만 어쨌든 삼겹살을 사러 하나로마트 안으로 들어갔다. 문영이와 내가 앞장서 가고 다른 애들은 뒤따라갔다. 동제였나? 어쨌든 동제가 삼겹살 여기 있다고 했다. 냉동이었다. 냉동은 별로인데 그냥 저기에서 사지……. 그래도 고집을 부리는 동제, 할 수 없이 착한 내가 그렇게 하기로 했지만! 처음에 문영이가 비닐장갑을 발견해서 문영이가 그걸 끼고 냉동 삼겹살을 집어서 비닐봉투에 담았다. 나도 하고 싶어서 "문영아, 나도 해 볼래." 그때 동제가 가로채서 동제가 담았다. '치! 뭐야.' 나도 담고 싶었는데, 못 담았다. 애들은 "겨우 이거 살려고 여기까지 모인 거야?" 하며 떠들었다. 돈이 남아서 참외를 사기로 했다. 아참! 삼겹살 보관하는 사람은 가위바위보로 정했는데 혜윤이가 당첨이 되었다. 참외도 사고……. 참외 보관하는 사람도 정하자고 또 가위바위보를 했는데 문선호가 됐다. 선호는 싫다는 눈빛이었

다. 애들은 박수를 쳤다. 왜 박수가 나오는지……. 어쨌든 장 보는 건 금방이었지만 아주 재밌었던 것 같다.

한홍비 아버지

우리 홍비는 참 기특하다. 동생인 용빈이가 장난을 걸거나, 말을 잘 안들어도 동생을 잘 돌보며 같이 놀아 주고, 먹을 것도 챙겨 준다. 가끔 심하게 동생이 대들면 한 방 쥐어박긴 하지만…….

그래 홍비야, 용빈이 잘 챙겨 주고 하는 모습 보기 좋고 사랑스럽구나. 앞으로 아빠가 더 자주 같이 놀아 주고 어울릴 수 있는 시간을 마련해 볼게.

★ 네, 홍비 참 좋은 누나예요. 어찌나 용빈일 알뜰하게 잘 챙겨 주는지요. 자신의 일에도 열심이지만 누나 몫도 두세 배로 잘해 나가네요. 이런 누나가 있어 용빈인 든든할 것 같아요.

6월 10일(화)
호준아 힘내! 아줌마가 응원할게

고 소 현

날씨: 실과 시간에 민지가 "소현아 덥지?" "아니. 교실은 그늘져서 시원해." 하고 큰 소리쳤는데 참나리 나현이한테 물 주러 갈 땐 후끈했다. 백엽상 온도계를 보니 무려 27도! 뜨악!

조혜원이는 대단해!

국민이 뿔났다! 백만 명 이상이 거리로 뛰쳐나가 촛불을 치켜드는 모습을 시민기자들이 찍어서 인터넷에 막 올려 대고 뉴스의 절반이 소고기, 미국 소, 2MB 이야기였던 6월 10일.

오늘도 결석한 애들이 세 명이나 있다. 혜원이, 호섭이, 재재. 혜원이는 아파서 못 오고 호섭이는 왜 안 왔는지 모르겠고 재재는 숙제를 안 해서 안 왔다. 쉬는 시간이 다 끝나서 3교시 시작하기 전 선생님이 "혜원이는 괜찮아지면 온다네. 근데 재재는 하!" 나라면 학교 가기 싫으면 억지로라도 열을 내려고 우왕좌왕할 텐데. 그리고 아프면 괜찮아져도 학교에

갈 생각은 하지를 않는다, 솔직히……. 혜원이는 오지 못했다. 뜨끔하고, 찜찜한 기분으로 도로를 건너려는데 "소현아, 안녕." "어, 혜원이? 안녕! 어디 가?" "학원." "응, 잘 가." 학교는 못 가더라도 학원이라도 가는 혜원이. 자기 일에 충성을 다하는 혜원이가 가장 멋있다.

추신: 선생님 제가 날짜를 잘못 알았어요. 촛불 문화제는 내일 가요.

고소현 어머니

날씨: 요즘은 날씨가 더운지, 추운지를 느낄 힘조차 없다.

그 좋던 연휴부터 감기에 시달려 끙끙 앓고 아직까지도 그 여파로 기침에 콧물에…… 정말이지 출근이고 뭐고 모든 것이 귀찮게만 여겨지는 일상의 연속이다. 집안에 아픈 사람이 있다는 것, 그것도 참 안 좋은 일이긴 하지만 여자가, 그것도 엄마가 아프면 이상하게 집안 전체가 엉망이 되는 느낌이다. 그만큼 엄마란 사람의 자리가 큰 탓일 테지. 점점 시간이 흐르고, 나이를 먹을수록 '건강'이란 단어가 더 또렷이 새겨지지만, 시간 탓, 의지 탓으로 숨쉬기 운동에만 몰두한다. 더 늦기 전에 아침 운동을 다시 시작해야 할 텐데 걱정이다.

소현이 일기처럼 이 땅과 우리 집 사람들의 관심사는 촛불 집회이다. 왜 이 나라가 어린아이들마저 정치판에, 길거리에 나가게 되었는지 걱정스럽다. 인터뷰에서 어떤 아이의 아빠가 한 말이 생각난다. "아이가 자라서 '아빠는 그때 무얼 했나요?'라고 물을 때 떳떳하게 대답할 수 있도록 현장에 와서 참석하게 되었다."라는……. 글쎄, 난 무얼 하고 있는지? 그리고 무얼 해야 하는지?

내일은 삼척에서도 대학생들이 동참하는 촛불 집회가 있다고 하니 소현이와 그 현장에 참여해 보는 것도 의미 있을 듯싶다. 우리 손에 들고 있는 촛불처럼, 우리의 소원의 물결이 모든 사람들 마음에 변화를 일으키기를 바라면서. 아이들이 살아갈 건강하고 밝은 미래를 위해 자리를 지켜야지!

★ 용감한 소현이. 세상일에 관심이 많고 적극적인 소현이.

어제 촛불 집회에서 내 옆에 앉아서 "선생님도 나가서 말하실 거예요?" "응." "제대로 잘하세요." 으메, 아이들 보기에 부끄럽지 않게…….

이동제

날씨: 텃밭에 물 주려고 가는데 쨍쨍거린다. 같이 간 철호와 그늘로 뛰었다. 너무 더웠다.

동준이 숙제

오늘 동준이의 숙제는 그림판으로 그림 그려 정라초등학교 홈페이지에 올리는 것이었다. 텔레비전 보며 드러누워 쉬고 있는데 옆에서 동준이가 똥 마려운 강아지처럼 얌전치 못했다.

"야, 왜 그래?"

"숙제 있어."

"지금 말하면 어떡해?"

8시가 넘는 시간이었다. 빨리 숙제를 시작했다. 동준이한테 으스대고 싶어 시범을 보였다.

"푸하하하하."

"이상하냐?"

"푸하하하하."

"그럼, 니가 해 봐."

"알았어."

몇 분 뒤 봤다. 할 말을 잃었다. 말라 비틀어진 미라 같았다. 그래도 저장을 시킨 뒤 올렸다.

'1학년 숙제가 어렵군.'

이동제 어머니

오늘은 다른 날보다 퇴근을 조금 빨리 했어요. 현관문을 여는데 동제는 잠을 자지 않고 엄마를 기다리고 있네요. 왠지 동제한테 미안함이 생겼지요. 왜냐하면 저번 모둠일기에 저는 귀찮다는 핑계로 글을 쓰지 않았거든요. 얼마나 미안한지…….

지금 시간 10시 45분. 늦은 시간인데 책임감 때문에 잠이 와도 엄마 올 때까지 기다렸나 봅니다. 동제 반 친구 부모님들 모둠일기를 자세하게 읽었습니다. 글을 잘 쓰려고 하지 않는 저에게 많은 힘과 용기를 주네요. 동제는 생각도 많고 정도 많지요. 때론 말 한마디에 상처를 받아 동제가 울고 있는 걸 보면 속상합니다. 엄마 하는 일이 늦게 퇴근합니다. 동제야, 엄마의 바람은 조금만 더 착하게 행동, 생각하자!

✦ 일하고 늦게 들어오셔도 제 할 일 알아서 잘하고 동생까지 잘 챙기는 동제, 이제 다 컸네요.

부모님들의 정성이 담긴 글이 보이지 않는 힘으로 우리들 사이를 묶어 주는 것 같습니다. 부모, 아이, 교사 사이의 따스한 관계가 이루어질 수 있어서 저는 그저 고맙고 감사할 따름입니다. 더운 여름, 잘 나세요.

함호식

날씨: 푹푹 찌는 무더위.

불쌍한 호준이

어제 호준이 아버지가 돌아가셨다고 선생님이 말씀해 주셨다. 금요일에 선생님이 낯선 번호로 전화를 받았는데 영래였다. 영래가 "선생님, 호준이 아버지가 돌아가셨대요." 이랬는데 선생님이 잘못 들어서 호식이 아빠로 들었다. 그래서 선생님이 "호식이 아버님, 어떡해, 어떡해……." 했다고 한다. 어쨌든 호준이 아버지 소식 듣고 기가 막혔다. 호준이 할머니도 그 소식에 충격 받아서 입원하셨다는데 이제 호준이는 어떡하지? 내가 친구로서 옆에서 잘 지켜 주어야겠다.

"호준아, 힘내!"

함호식 어머니

날씨: 애들 아빠 돕겠다고 바깥일을 따라 나섰는데, 얼마 지나지 않아 바로 후회했다. 푹푹 찌는 무더운 날씨, 더위를 많이 타는 나로선 벌써부터 한여름이 무서워진다. 차 안에서 에어컨을 틀지 않으면 현기증이 날 법한 날씨. 햇빛에 저절로 인상이 찡그려지는, 그야말로 불쾌지수 짱인 날이다.

호준 아빠의 죽음 소식

오늘 하루 그다지 바쁘지는 않았지만 무더운 날씨 탓인지 몸과 마음이 너무나 지친 상태로 집에 들어왔다. 아침에 학교 갈 때 보고 저녁이 되어서야 비로소 서로의 얼굴을 확인할 수 있는 우리 모자. 호식이는 내 얼굴을 보자마자 다급하게 호준 아빠의 죽음 소식을 전했다.

듣는 순간 너무 놀라서 "어머, 어떡해 어떡해……." 다른 말이 나오질 않았다. 호준 아빠 나이가 애들 아빠 나이와 비슷하다던데 그렇게 젊은 나이에 갑작스레 가다니……. 순간 초등학생의 나이로는 받아들이기 힘든 이 현실에 충격 받아 슬퍼하고 있을 호준이 모습이 떠오르니 난 가슴이 너무 아팠다. 지난해에 우리 집에 와서 한 번 잤을 때 느낀 건데, 참 인사성 좋고 밝고 구김살이 없다고 느꼈는데……. 이제 아빠의 빈자리로 인해 호준이 성격에 변화가 생기면 어떡하나 하는 걱정을 해 본다.

몇 달 전 호식이 할아버지도 갑작스럽게 심장 마비로 돌아가셨다. 그때 나는 너무나 놀랍고 충격적이어서 그 일 이후로는 전화 소리만 들으면 깜짝깜짝 놀라고 심장이 두근거리는 등 불안한 증상을 보였다. 물론 몇 달이 지난 지금은 그런 증상이 없어졌지만……. 시간이 흐르면 기억도 희미해져 가나 보다.

호준이 역시 슬픔 속에서 많이 아프겠지만 빨리 일어났으면 좋겠다. 아들 친구이기에, 부모 마음이기에, 더욱 간절하다. 그러려면 친구들과 선생님 등 많은 사람들의 격려와 도움의 손길이 필요할 듯싶다. 가족 구성원에 있어서는 엄마, 아빠 그 누구 하나도 빠져서는 안 되는데…….

우리가 살아가면서 죽음의 시간이 언제 올지는 아무도 모르지만 어린 자식들을 위해서라도 건강을 지키며 하루하루 최선을 다하며 살아야겠다는 생각을 해 본다. 건강하게 우리 옆에 자리하고 있는 애들 아빠를 보며 낮에 짜증냈던 일에 살짝 미안해진다.

호식아, 사랑하는 아들! 건강하게 커 줘서 고맙고, 엄마는 호식이가 항상 남을 도울 줄 아는 착한 마음을 간직했으면 좋겠어. 그리고 호준아! 힘내라! 아줌마가 응원할게. － 가족의 소중함을 새삼 느끼며 호식맘이

✦ 오늘도 호준이의 빈자리가 보입니다. 소식이 없네요. 학교는 신경 쓰지 말고 모든 일 마무리하고 나오라고 하긴 했지만 자꾸 궁금해집니다. 호준인 앞으로 어디서 어떻게 살아가게 될지……. 좋은 소식 기다리고 있어야지요. 우리 반 아이들 모두 같은 생각이랍니다. 호식 어머니! 힘 주는 글, 고맙습니다.

6월 12일(목)
둥글게 둥글게 살았음 좋겠다

김희홍

날씨: 갑자기 생각하려니 생각이 잘 나지 않는다. 하늘은 맑았고 좀 더웠던 거 같다.

체험 학습 준비

내일은 두타 체험 학습장 가는 날!

학교가 끝나고 이혜원, 세연, 형래, 재건이랑 교동 하나로마트에 가서 장을 봤다. 먼저 '정육' 코너에 가서 "삼겹살 오 인분 주세요." 하니까 "냉동으로 줄까? 생으로 줄까?" 했다. 난 냉동으로 달라고 했는데 냉동은 좀 비싸고 삼겹살보다는 '목삼겹? 목겹살?'이 더 낫다고 해서 결국엔 '생목삼겹? 생목겹살?'을 이만 원어치를 샀다. 그리고 음료수 오란씨 1.5리터 두 개 묶인 거 천오백 원 하는 걸로 샀고 과자랑 지금 먹을 아이스크림을 샀다. 계산하니 삼만 원이 조금 넘었다. 우린 모은 돈을 다 냈다. 그리고 우리 집 전화번호로 적립하고 우리 아빠 휴대폰으로 현금 영수증을 했다. 빨리 내일이 왔으면……

날씨: 다른 사람들은 자꾸만 덥다고 하는데 글쎄 따뜻하고 좋은데요.

아이들은 집을 나서는 일이 뭐 그리 즐거운지. 하긴 나도 예전엔 그랬지. 이렇게 이해하려고 합니다. 상대가 되어 보면 뭐든 이해된답니다. 희홍이도 '우리 엄마는 왜 이런 것도 이해 못 해 주고, 난 이것도 왜 못 하게 해?'라고 생각할 때가 많을 거야. 하지만 생각을 달리해서 '그래도 나는 엄마가 있어 행복하고, 그래도 나는 이래서 행복해.'라고 생각하렴. 생각을 긍정적으로 가지면 세상은 행복해지는 거란다. 조금씩 조금씩 커 가는 희홍이를 보면서 둥글게 둥글게 살아갔음 좋겠다.

★ 교실을 벗어나 자연 속에 있는 두타산 아래 체험 학습장에 왔어요. 아이들의 몸짓과 생기발랄한 목소리들이 너무 듣기 좋아요. 자주 아이들에게 이런 기회를 만들어 주고 싶어요.

조혜원

날씨: 어제는 흐리고 좀 안 좋더니 오늘은 해가 쨍쨍 나는 게 땀 때문에 옷이 쫙 달라붙을 정도로 더웠다. 환하고 밝고 화창한 날이었다.

볼펜과 급식 한바탕 소동

오늘 급식 시간에 아주 많은 일들이 일어났다. 급식 당번인 원빈이가 친구들에게 국물을 저으면서 퍼 주는데 불에 펄펄 끓어 터지고 고장 나고 모양이 이상한 모나미 볼펜이 발견됐다. 원빈이 주위로 애들이 모여들어 소란을 떠는데, 선생님이 그 모습을 보고 무슨 일인가 하여 가서 알아보셨다. 볼펜이 국 속에서 나온 걸 본 선생님은 애들한테 당장 영양사 선생님께 가서 보여 주고 바꿔 오라고 시키셨다.

근데 국을 가지고 올라오지 않자, 선생님이 흥분해서 애들을 데리고 영양사 선생님께 따지러 가셨다. 두 분이 언성을 점점 높이면서 얼굴 빨개지며 얘기하시는 걸 애들은 빤히 바라보기만 하다가 교실로 들어갔다. 선생님은 이리저리 다니면서 볼펜과 급식 문제로 크게 한바탕 해결을 하셨다. 영양사 선생님이 우리 반에 오고 뛰어다니고 정말 정신없는 점심시간 소동이었다.

조혜원 아버지

날씨: 흠! 넥타이보다는 오늘은 원색 셔츠를 입는 게 좋을 듯. 이런 날씨에는 날 만나는 사람이 편안하고 시원함을 느낄 수 있도록 하는 게 좋을 듯하여…….

모둠일기를 쓸 차례가 지난 것 아닌가

두 달 전부터 6월 첫 주에 세미나와 제주도 학원 연합회와의 자매 결연식을 핑계로 여행을 계획했다. 혜원이에게 여행 가기 전에

"아빠가 일기 쓸 차례가 지난 것 아니니?"

"아직 순서가 남아 있나 봐요."

"여행 갔을 때 써야 하면 어떻게 하지?"

"호."

하고 웃는 혜원이. 일기장이 무서웠던 게 아니고 혜원이 친구들의 이야기, 부모님들의 안부가 기다려졌던 것이다.

처음으로 나를 위한 여행을 다녀왔다. 나만을 위한 (아직 혜원이와 한 번

도 여행다운 여행도 못했지만) 정신없이 앞만 보고 달린 게 아니고, 눈 질끈 감고 뛰었던 내가 다시 사십 대의 삶의 이정표를 세워 보기 위해서였다. 목적지도 없이 많은 곳을 다니며 일과 가족과 나에 대해서 여한 없이 생각하고 계획했던, 일주일의 귀한 재충전 여행이었다.

"2MB가 뭐지?" 아하! 채은이의 일기장에서…….

"친구의 글씨가 더 예뻐 보이는 부모님들의 마음을 유라가 알까?" 유라 얼굴도 보이고…….

"내 딸(조혜원)과 이름이 같아서 기억에 남는 혜원이."

"영어 테스트 이야기와 멋진 글씨체를 가지신 공석민과 아빠."

"휴대폰이 가지고 싶다고……. 연주!"

"내일은 주환이 얼굴을 기억해 둬야지. 방법이?"

새로운 모둠일기를 읽다 보니 또 다른 세상의 한 장면이 보이는 듯하다. 모든 것이 5학년 1반 학생과 부모님들의 일상이다.

✦ 여행 다녀오셨군요. 일상에서 벗어나 자신을 온전히 만나기 위한 여행, 부럽네요. 오늘 우리 아이들을 위해 아낌없이 수고해 주셔서 정말 고맙습니다. 다른 반이 많이 부러워했어요. 내친 김에 허락하신다면 2학기에는 아이들과 함께 태백산 등반을 해 보고 싶어요. 몇몇 도우미 하실 부모님들 신청을 받아서요. 너무 멀다면 무릉 계곡이나 쉰움산 정도도 괜찮지 싶어요.

물론 내가 이기겠지만!

송영채

날씨: 선크림을 발랐는데 햇볕이 너무 쨍쨍하여 선크림이 눈 녹는 것처럼 사방으로 흘러내려 온몸이 끈적거렸다.

두타 체험 학습

학교에서 두타 체험 학습을 갔다. 선호가 권총처럼 생긴 물총을 사서 나도 살려고 돈을 들고 제일 문구에 가니까 아줌마가 계셨다. 아줌마 보고 "아줌마 물총 어딨어요?" "저기 박스를 보렴. 권총 물총은 모두 다 나갔단다." 박스를 뒤적거렸다. 내가 기대한 물총은 없었고, 악어 물총밖에 없었다. 저리 달그락 이리 달그락 소리가 울려 퍼지며 시간은 계속 간다. 상상으로 애들이 줄지어 가는 모양을 생각한다. '아우, 끔찍해.' 나는 갈색 악어 물총을 사고 친구들이 있는 곳으로 뛰어갔다. 다리가 아프고 숨이 헐떡헐떡 차지만 나는 뛰어간다. 파마를 한 나의 뽀글 머리가 휘날리며 제일 문구를 지나, 학교 운동장을 지나, 4학년 교실까지. 숨을 헐떡이며 보니 친구들이 있다. 가슴은 쿵쿵쿵쿵 빠르게 뛴다. 작은 가방을 어깨에 메고 오른쪽 손은 배드민턴 채, 등에는 가방, 머리에서 흘러내리는 선크림은 자꾸 눈을 감게 하고 온몸에 땀이 나 옷이 착 달라붙어서 떼어지지 않는다. 계단을 올라가는데, 안 그래도 땀나고 힘든데 계단을 오르니 땀이 소나기처럼 내린다. 너무 더워서 신경질이 난다. 다 오를 때 호식이하고 조혜원한테 물을 뿌려 댔다. 조혜원이 째려보는 눈으로 날 쳐다보며 "송영채 너!" 아무렇지도 않다. 누가 그런 말을 하든 말든.

우리는 조혜원네 차를 타고 갔다. 맨 처음 탄 사람이 뒤로 가서 타야 했다. 갈 때 서로 껴 가지고 안 그래도 더운데 꽉 끼니 더워 죽는 줄만 알았다. 창문을 여니까 기분을 좋게 만들어 주는 자연 바람이 불었다. 휘이히릭 머리가 바람에 의해 휘날린다. 머리가 휘날리고 있을 땐 이미 도착했다. 나는 폐교라 낡고 나무로 되어 있고 창문은 깨져 있고 문은 톡 건드리기만 하면 넘어질 거라고 생각을 했지만, 내가 생각하는 것과는 많이 달랐다.

여자아이들 차가 먼저 왔다. 선생님은 어느 차에 타셨을까? 차가 멈추고 친구들은 서로 먼저 나가려고 아등바등 싸운다. 호섭이랑 난 제일 늦게 내렸다. 내려왔을 땐 친구들이 선생님을 따라가고 있었다. 선생님이 "저기 문이 있으니 저쪽으로 가세요." 영래랑 나는 뛰어갔다. 학교 안의 시설은 매우 좋았다. 나는 가다가 마루 바닥이 나와 신발을 벗고 갔는데, 애들은 신고 가는 거라고 신발을 신고 들어갔다. 선생님이 화를 내시며 "여기서 신발을 신으면 어떡하니?"

우리는 큰방에 가니까 조회대 앞에 있는 마이크 같은 거, 큰 텔레비전에다, 각종 색연필, 아주 큰 책상 두 개, 선풍기 네 대가 천장에 달려 있고 달달달 돌아가고 있었다. 나는 책상에다 가방을 벗어 놓고 밖에서 영래

하고 배드민턴을 쳤다. 삼십 분이 지난 후 선생님이 있는 곳에 가니까 선생님이 나한테 심부름을 시켰다. 받침대 하고 볼펜을 들고 밖에 있는 선생님께 가라고. 나는 일일이 애들한테 말한 뒤 받침대를 들고 운동장으로 뛰어갔다.

놀이기구 높은 데에서 호섭이가 무서워서인지 못 내려오고 있었다. 나는 호섭이를 구하기 위해 올라갔다. 나도 높은 데 있으면 겁이 난다. 다리가 후들후들 떨린다. 밑을 보면 떨어질 것 같다. 휘청휘청 땅으로 곤두박질칠래나. 호섭이 있는 곳으로 왔다. 호섭이한테 손을 내밀었다. 그랬더니 "아아앙 내려가. 무섭단 말이야." 나는 내려갔다. 재미로 나무 기둥을 치고 호섭이의 발을 만져 보기도 하고 그러면 호섭이가 엉엉 울었다. 아니면 신경질을 내며 욕하거나……. 점점 친구들이 온다. 친구들이 호섭이를 구할려고 올라가기도 하고 호섭이한테 장난 걸고 호섭이 비웃고 하다 호섭이를 잊어간다. 호섭이는 이 땡볕에 서 가지고 땀을 뻘뻘 흘린다. 땀을 흘리는 것보다 무섭지 않았을까? 내가 그랬다면 어떻게 됐을까? 내려올 수 있었을까? 호섭아 용기를 가져. 거봐 나중에는 내려왔지.

그리고 밥 먹고 산에 가서 우리 나라 꽃 무궁화와 우리 나라 나무 소나무, 우리 나라 새 까치, 북한의 꽃 산목련, 삼척의 꽃 철쭉, 삼척의 나무 느티나무, 삼척의 새 갈매기, 소나무 잎은 두 개, 잣나무는 다섯 개, 나무의 종류에 침엽수와 활엽수가 있는데 대표적인 것은 신갈, 떡갈, 졸참, 굴참, 갈참, 사웃리 나무와 회양목은 단단하여 도장으로 쓰였다는 거와 여러 가지를 배웠다.

정말 재미있었지만 힘들었다. 한 가지 아쉬운 건 선생님하고 배드민턴을 못 친 것이다. 선생님과 아이스크림 사 주기 내기하기로 했는데, 물론 내가 이기겠지만 하하하. 이 자신감은 어디서 나오는 걸까?

✦ 나, 너 이길 수 있어. 흥!

영채야 !

형이야. 이렇게 너한테 편지를 쓰는 것도 처음인 것 같다. 화사했던 벚꽃도 잎이 떨어진 지 오래됐고 이제는 무더운 태양빛이 내리쬐고 있어. 형이 중학생이 되고 나서 계절은 여섯 번이나 바뀌었고, 너도 이제는 5학년이 됐구나. 형이 이렇게 너에게 글을 쓰는 건, 너에게 그동안 하지 못했던 말을 그저 글로 몇 자 끄적거려 보려고 해. 형이 중학생이 된 지 이제 일 년 조금 더 되지만 그동안 많은 것을 생각하고 보고 느끼고 한 것 같아. 짧다면 짧은 시간이겠지만 너에게 해 주고픈 말은 많이 생긴 것 같아.

형이 영채에게 해 주고 싶은 말은……. 영채가 지금보다 그림 더 열심히 그리고 책도 많이 읽으라고 말해 주고 싶어. 형은 책을 별로 좋아하지 않아서 어렸을 때부터 책을 많이 읽지 않았는데, 그래서인지 글쓰기나 국어 과목이 그렇게 쉽지만은 않아. 그런데 영채는 책을 좋아도 하고 많이 읽어서인지 글쓰기도 잘하는 것 같아서 나와는 좀 다르구나 생각도 했고, 또 글 잘 쓰는 동생이 뿌듯하기도 했어. 책을 많이 읽으면 언젠가 영채에게 꼭 큰 힘이 되어 줄 거야.

영채야! 형이 책보다도 더 해 주고 싶은 말은 영채가 정말 그림을 열심히 그려서 꼭 멋진 예술가가 되었으면 하는 거야. 형은 공부를 하면서 가장 느끼는 것이 '아 나도 내가 좋아하는 걸 할 수 있다면…….' 하는 거야. 이게 무슨 말이냐고? 그게 그러니깐 영채는 그림을 잘 그리고 좋아도 해서 자기가 좋아하는 일을 할 수 있겠구나 하는 거야. 목표 의식 없이 그냥 시켜서 공부하는 형보단, 좋아하는 일을 하는 영채가 백배는 훌륭하다는 말이야. 형도 언젠가 좋아하는 일이 생기면 그 일을 꼭 하고 싶어. 영채가 그림을 그리는 것처럼 말이야.

사랑하는 동생아! 요즘 너도 여러 학원에, 숙제에……. 형 옛날 모습을 보는 것 같아 한편으론 안쓰럽고, 또 형처럼 목표가 사라질까 하는 마음에 두렵기도 하고, 계속 공부만 시키려는 엄마가 밉기도 하고 그렇다. 공부라는 체중계에 영채를 달아보지 않았으면 하는데……. 영채는 그림도 그리고 책도 많이 읽고 또 열심히 뛰어 놀았으면 좋겠어. 영채가 중학생이 되면 아마 지금보다 공부도 더 많이 해야 할 거고 그림 그리는 시간, 책 읽는 시간도 많이 줄어들 거야. 영채는 공부를 덜 하더라도 그림과 책을 포기하지 않았으면 좋겠어. 왜냐하면 세상에서 제일 중요한 것은 공부가 아니라 따뜻한 사랑이거든. 공부만 해서 사람 마음이 차갑게 얼어 버릴 바에야, 영채처럼 좋아하는 일도 하고 마음이 따뜻한 사람이 더 훌륭한 것 같아. 그런 거에 비해 형은 마음이 점점 차가워지는 것 같기도 하고……. 아무튼 영채야! 형이 요즘은 시험 기간이라 이렇게 글 쓰는 시간도 부족하지만 시험 끝나고 오랜만에 농구 한판 하러 가자. 형제끼리 우정을 쌓으러 말이야. 앞으로도 서로 아끼고 사랑하는 형제가 되길 원하며 이만 펜을 놓는다. ─뜨거운 여름 햇살 같은 형이 영채에게

★ 영채 형 영준이! 멋지구나. 동생한테 이렇게 자상한 편지를 써 주는 형이라면 보지 않아도 알겠어. 선생님은 영준이 6학년 때 담임이셨던 권순혜 선생님이랑 같은 모임에서 공부해. 그래서 네 이야기 들었어. 속이 깊고 진실한 녀석이었다고. 고마워. 우리 반 모둠일기에 함께해 줘서. 멋진 친구야 중학교 생활 잘 해.

이유라

우리 아빠는 주 5일제 근무를 안 하셔서 주말에 서울이나 외갓집이 있는 대전에도 못 간다. 토요일에도 오전에 근무를 하셔서 박물관이나 놀이공원에도 갈 수 없다. 그래서 아빠는 자주 미안하다고 하신다. 엄마는 내 마음도 모르면서 나만 이해하라고 하신다. 대신 아빠는 나와 잘 놀아 주신다.

오늘도 부모님과 나는 운동을 했다. 아파트 안에 운동 시설이 잘 되어 있어서 아빠와 축구를 하고 나는 훌라후프도 했다. 엄마는 크고 무거운 파이프 훌라후프를 해서 몸에 멍까지 들었다. 나는 운동보다 다른 친구들처럼 놀러 다니고 싶다. 오늘은 짜증이 나서 부모님께 다음에는 꼭 대전에 가자고 졸랐다.

이유라 어머니

아빠와 이틀 격렬하게 공을 찬 탓인지 곤하게 잠든 널 바라보니 기특하기도 하고 잠깐 쓸쓸하기도 하고……. 친구들과 사는 환경이 달라 (당연하겠지만) 너는 종종 동생 없음과 너무 드문 여행에 잔뜩 볼멘소리를 하지. 그럴 때마다 무식한 엄마는 "팔자려니 해!"라고 가볍게 대꾸를 한다만 네가 그토록 원하는 동생 갖기는 빨리 마음 접는 게 나을 듯싶구나. 안 되는 일 자꾸 맘 아프게 조르고 화내는 것은 너도 나도 서로 피곤하잖니? 충분히 설명했으니 이제 맘 접으렴!

삼 년 전 갑작스런 아빠의 머리 수술은 많은 걸 변화시켰지. 그토록 즐기던 술도 끊으셨고 죽음 직전까지 가신 후 세상을 보는 눈도 긍정적으로 바뀌었단다. 물론 엄마도 마찬가지. 다른 아빠들처럼 주 5일 근무 어려운 환경이니 네가 이해하렴. 아빠의 근무, 아빠 맘대로 할 수 있는 게 아니어서 네가 바라는 여행, 당장 해결할 수 없구나. 수술하고 나서 장거리 운전도 어렵고. 일단 아빠가 부담스러워하는 부분이니 섭섭해도 조금 참아 주렴. 그 대신 아빠가 너와 잘 놀아 주잖니? 술래잡기도 하고 공부도 잘 가르쳐 주고 함께 공도 차고. 미안한 마음에 아빠는 아빠대로 네게 그렇게 보상을 하고 싶으신가 보다. 무조건 참고 이해 안 해도 돼. 네가 할 수 있는 것만큼만 해.

✤ 유라 아빠 참 멋지세요. 유라 일기에 자주 아빠와 함께 시간을 보낸 얘기가 있어요. 그렇게 아이와 잘 놀아 주는 아빠 많지 않아요. 유라가 행복한 투정을 하네요. 여행이라……. 여행 다니는 것도 부모님들 성향에 따라 많이 다른 것 같아요. 저 역시 아이들 데리고 여행 별로 안 해요. 특히 놀이공원 다니는 건 한 번도 해 본 일이 없어요. 돈 내고 놀이하는 것(?) 별로 흥미가 없네요.
유라야, 가까운 절에 많이 다니고 맛난 것 많이 먹으러 다니고 아빠가 잘 놀아 주고……. 아주 행복한 거야.

제 마음속엔 아빠가 있습니다

이호준

날씨: 맑고 더웠다. 아, 아빠가 보고 싶다. 아빠 생각만 하면 눈물이 난다.

하늘에 계신 아빠께

아빠 저 호준이에요. 아빠가 떠나신 지 열흘이 지났어요. 전 아빠가 보고 싶어요. 아빠한테 잘난 아들이라고 듣고 싶었는데 절 버리고 왜, 무슨 이유로 제 곁에서 떠나셨어요? 많은 친구들이 저한테 편지를 썼어요. 편지를 읽으니까 아빠와 저랑 함께한 추억이 생각나요. 아빠 너무 보고 싶어요. 그리고 아빠, 하늘에서 절 지켜보고 계시겠죠? 전 아빠가 돌아가신 게 믿겨지지가 않아요. 하늘에서 절 많이 도와주세요. 아빠 보고 싶어요. 그리고 제 마음속엔 아빠가 있습니다.

아빠 보고 싶고 사랑해요.

✦ 호준아, 음. 호준아……. 의젓해 보이네. 더 깊고 더 맑아진 호준이!

날씨: 월요일 아침부터 좀 더웠다. 그런데 오후에는 생각보다 그리 덥지는 않은 날씨였다. 서늘한 날씨여서 좋았다.

호준이가 돌아왔다.

나는 학교에 8시 10분쯤에 도착했다. 갔는데, 호준이가 웃으면서 친구들과 얘기하고 있었다. 나는 "안녕." 했더니 "어, 지민이네." 했다. 호준이가 웃고 있으니 '역시 호준이군.' 생각했다.

오늘 과학 시간 때의 일이었다. 호준이가 웃으면서 "지민이, 나 이거 어떻게 하는지 가르쳐 줘. 그럼 소원 들어줄게." 했다. 나는 농담으로 "똥이 사 줘, 그거 엄청 비싸." 했다. 호준이는 놀란 듯 가만히 있었다. 내가 "됐어, 그냥 가르쳐 줄게." 했다. 호준이는 다시 웃음 지어 보인다. 난 그런 호준이의 웃음이 좋아 보였다. 힘들어도 항상 웃음 짓는 호준이. 멋있어 보인다.

"호준아, 계속 이렇게 웃어. 오케이? 오케이?"

삶에 즐거움을 주는 글

가장 현명한 사람은 늘 배우려고 노력하는 사람이고 가장 겸손한 사람은 개구리가 되어서도 올챙이 적 시절을 잊지 않는 사람이다. 가장 넉넉한 사람은 자기한테 주어진 몫에 대하여 불평불만이 없는 사람이며 가장 강한 사람은 타오르는 욕망을 스스로 자제할 수 있는 사람이다.

가장 겸손한 사람은 자신이 처한 현실에 대하여 감사하는 사람이고 가장 존경받는 부자는 적시적소에 돈을 쓸 줄 아는 사람이다. 가장 건강한 사람은 늘 웃는 사람이며 가장 인간성이 좋은 사람은 남에게 피해를 주지 않고 사는 사람이다.

가장 좋은 스승은 제자에게 자신이 가진 지식을 아낌없이 주는 사람이고 가장 훌륭한 자식은 부모님 마음을 상하지 않게 하는 사람이다. 가장 현명한 사람은 놀 때는 세상 모든 걸 잊고 놀며 일할 때는 오로지 일에만 전념하는 사람이다. 가장 좋은 인격은 자기 자신을 알고 겸손하게 처신하는 사람이고 가장 부지런한 사람은 늘 일하는 사람이며 가장 훌륭한 삶을 산 사람은 살아있을 때보다 죽었을 때 이름이 빛나는 사람이다.

－좋은 글 중에서

지민아! 살아가는데 도움이 되었으면 좋겠구나. 학생의 신분은 열심히 공부하고 선생님 말씀에 귀 기울이고 부모님 말씀에 잘 따르는 것이다. 더욱더 분발하여 열공하도록.

보너스 하나 더, 숫자의 의미를 잘 새기도록.
1 → 하루에 좋은 일을 한 번 이상 하는 것이고
10 → 하루에 큰 소리로 열 번 이상 웃고
100 → 하루에 백 자 이상 글을 쓰고
1000 → 하루에 천 자 이상 글을 읽고
10000 → 하루에 만 보 이상 걷는 것이다.
이렇게 실천하면 좋은 일도 하고 많은 지식과 건강이 더해져서 건강하고 튼튼한 삶이 될 것이다.

✦ 숫자에 담긴, 만들어 놓은 그 뜻 가운데 나는 뭘 할 수 있을까. 다 쉽지 않네요. 힘내야겠어요.

이재건

날씨: 아우! 숨이 막힐 정도로 덥다. 계속 아이스크림 같은 차가운 것이 먹고 싶다. 그런데 내일부터 장마가 시작된다.

장마

저녁에 텔레비전 채널을
돌리고 있는데
와이비에스(YBS) 영동방송인가?
그 채널에서 일기예보와
비슷한 게 나왔는데
내일부터 장마가 시작된다고 했다.
제주도부터 장마가 올라온다고 했다.

오늘 저녁을 먹고 텔레비전 채널을 돌리고 있었다. 와이비에스 채널에서 내일부터 장마가 온다고 했다. 나는 깜짝 놀라서 계속 봤다. 제주도부터 장마가 올라온다고 했다. 꼭 거짓말 같다.

이재건 어머니

날씨: 반투명 유리창 너머의 세상은 뿌옇기만 하다. 그런데 창을 열고 보니 새파란 하늘이 또 다른 세상이었다. 정수리가 따끈따끈해져 옴을 느끼며 나뭇가지 사이로

불어오는 바람을 맞는다.

어제 이사를 했다. 새로운 환경에서의 생활을 꿈꿔 본다. 새가 둥지를 튼 양 자기 자리라고 콕 박혀 있던 살림살이들이 엉성하게 나와 있는 걸 보니 모든 것들이 낡고 세월의 묵은 때를 덕지덕지 달고 있었다.

'그래, 나도 잊고 있었구나! 내 마음에, 내 머릿속에, 내 몸뚱아리에 얼마나 많은 묵은 때를 달고 있었는지를……'

꿈 많던 시절에 꿈을 향해 달려 보지도 못하고 결혼이란 걸 해 버린 나. 그리곤 엄마가 되어 버린 나. 이젠 꿈꿀 줄도, 꿈을 가져 볼 용기도 모두 잃어버린 채 욕심만을 키워 가며 살아가고 있다. 이 낡은 살림살이들을 버릴 수 없듯이 묵은 때로 얼룩진 내 생활도 이젠 버릴 수가 없다.

이게 책임감 내지는 의무감일까? 모르겠다. 남들이 보기엔 단순하고 초라해 보일지 모르는 내 삶이 나에게는 나름대로 많은 소중함과 가치를 지니고 있다. 내 아들딸이 잘 자라 주고 잘 성숙해 가는 모습을 보면서, 세상의 모든 것을 얻은 것처럼 커다란 성취감과 보람, 그 뒤의 희망을 바라보게 된다.

그런데 언제부턴가 내 아이들의 눈을 똑바로 바라볼 수도, 아이들 질문에 큰소리로 대답할 수도 없게 되었다. 우리 아이들에게 채워 주지 못하는 게 너무 많아서…… 엄마 아빠가 넘어지지 말고 계속 달렸어야 했는데 한 번 넘어지고 두 번 넘어지고 그래서 손잡고 같이 가던 아이들까지 주춤거리게 하고 있다.

내가 지금 아이들에게 바라는 게 있다면 항상 웃을 줄 알고 용기 잃지 않는 것. 나 또한 우리 아이들 모습을 보면서 희망의 끈을 놓지 않는다. 재건이 말대로 곧 장마가 온다는데 우리의 기분까지 축축해지는 건 아닌지 모르겠다.

여기저기 제자리를 찾지 못한 것들이 널브러져 있다. 내일까지는 정리를 마치고 활기차게 새 생활을 시작해야겠다. 학교하고 더욱 멀어져 아침이 힘들지만…….

"재건아 전보다 더 활기찬 모습으로 건강한 아침을 맞이하자. 우리도 조금 더 부지런해져 '아침형 인간'이 되어 보는 거야."

새로 이사한 이 집이 좋은 건 산새 소리를 하루 종일 들을 수 있다.

★ 몸도 무거우실 텐데 이사하느라 애쓰셨어요. 새 보금자리에서 재건이네 식구 행복하게 잘 사세요. 태어날 새 생명을 이사한 집에서 맞이하겠네요. 복된 자리인가 봐요. 학교가 멀어 힘들지 않을까 염려스러워요.

이혜원

날씨: 좋았다. 불쾌지수 9퍼센트.

과학 시간 이제는 싫어, 싫어

오늘 과학 시간에 실험을 하고 실험관찰 책에다가 실험한 결과들을 적었는데 계속 틀렸다. 정말 지겨웠다. 빨리 끝내려고 노력했는데 안 되면 할 수 없지. 갑자기 과학 시간이 두려워진다. 수요일에 과학 들었는데……. 잘하면 되겠지.

그런데 입으로만 하면 어떡해. 산에 가야 범을 잡는다고 했는데 실행에 옮겨야 될 텐데…….

혜원아!

요즘 이모랑 공부하는 혜원이를 보고 있노라면 엄마 마음이 한결 가벼워지고 어쩜 이렇게 예뻐 보이는지 몰라. 가끔은 짜증도 내고 힘들어 보이지만, 열심히 하려는 모습이 보여서 대견스럽고 예뻐 보인단다. 맏이라서 그런지 생각이나 행동하는 것도 다른 친구들보다 더 의젓해 보이고 누나로서 상민이에 대한 배려도 많아진 것 같아. 물론 친구들과도 사이 좋게 잘 지내겠지? 아니, 이해심이 너무 많아 궂은일은 다 우리 혜원이만 하는 건 아닌지 모르겠다. 그럼 엄만 엄청 속상할 거 같다. 너 혼자 너무 열심히 하지 말고 모둠끼리, 반 친구들과 협동해서 잘 했으면 좋겠다. 요즘 공부도 열심히 하고 표정도 많이 밝아진 거 같고 긍정적으로 생각하려고 노력하는 모습이 참 좋아 보여. 앞으로도 열심히 하자. 파이팅!
－요즘 혜원이가 너무 예뻐 보이는 엄마가

✭ 네. 혜원이가 열심히 하네요. 원래 혜원이 성격은 적극적이잖아요. 그 적극성에 실력만 차근차근 쌓아 간다면 큰 에너지를 낼 수 있을 것 같아요.

학교에서

학교 끝나고
나 혼자 옥상에 남아

일기를 썼다

나는 일요일 거를 쓰니까

금요일 거를 쓰지 않아서

쓰고 승현이와 놀았다

나는 검사 맞고 학교에서 빠져나와서

승현이와 운동장에서 조금 놀다가 헤어졌다.

★ 흠! 무슨 말을 써야 할까.

✿ 아빠가 피곤하셔서 못 쓰셨어요. 들어오자마자 ZZZ (성수)

김성수 아버지

날씨 탓인지 아침이 개운하지 않다.

"성수, 일어나 학교 갈 준비해야지." 하고 성수를 깨웠다. 녀석 일어나 하는 말 "아빠, 모둠일기 써야 하는데……." "그걸 왜 이제 말해?" 하고 성수와 한바탕 언쟁을 한다. 다른 가정도 우리처럼은 아닐 것이다. 모든 것이 내 잘못이라 생각하니 성수에게 미안한 생각이 든다. 이런 생각을 뒤로하고 출근을 서두른다.

"아빠, 일기는?" 하고 웃는다.

"바빠서 못 썼다 그래." 하고 출근했다.

저녁에 퇴근 시간에 전화가 왔다. 성수다.

"아빠, 모둠일기 써야 돼." 한다.

"알았어. 집에 가서 얘기하자"

다른 직원도 있고 하여……. 집에 오는 차 안에서 무슨 글을 써야 할까 생각해 보지만 생각나지 않는다. 이게 학교 다닐 때 공부하지 않은 나의 벌인가 보다.

성수야, 공부해야 할 이유 하나는 나중에 아빠와 같은 상황이 닥치면 성수는 좋은 글을 성수 2세에게 남겨야지. 이게 공부의 중요성이야. 알았지? 성수! 미안하고 고마워. 아빠 이해하는 성수, 사랑해!

★ 아들래미 약속을 이렇게 신경 쓰며 챙겨 주시니 참 고맙습니다. 성수가 힘이 솟구쳐 오르겠어요. 오늘 성수가 일기장 펼쳐 보지도 않았는지 "선생님, 아빠가 안 쓰셨어요." 하면서 냈거든요. 그런데 펴 보니 한쪽 가득. 성수를 불러 아빠 일기를 보여 주니 놀라면서도 얼굴 가득 웃음이 번지네요.

우리 반 학급 회의

금요일 다섯째 시간, 학급 회의 시간이다. 올해 들어와 여덟 번째다. 오늘도 한 시간을 넘기고 있다. 이 시간만큼은 나도 손을 들고 발언권을 얻어서 얘기해야 한다. 가끔 깜박 잊고 불쑥 끼어들려고 하는 때가 있는데 그럴 땐 얼른, "저, 얘기해도 돼요?" 하면서 회장 허락을 받고 얘기를 한다. 다음 주에 지켜야 할 생활 목표와 실천 사항도 차례대로 거쳐 나간다. 오늘은 '남의 비밀을 다른 사람에게 말하지 말자.'로 정해졌다.

건의 사항엔 '선생님, 연필깎이 좀 사 주세요.'였다. 우리 반은 샤프를 쓰지 못한다. 샤프심이 바닥에 떨어지면 책, 걸상 다리에 들어가 바닥을 온통 검정으로 칠해 놓기 일쑤였다. 그리고 싸구려 플라스틱 샤프를 대여섯 개씩이나 갖고 다니면서 서로 바꾸고 예쁜 모양이 나오면 사 모으는 애들도 있었다. 질이 안 좋아 톡톡 잘 부러지고 쉽게 못 쓰게 되기도 하여서 연필만 쓰자고 했다.

아무튼 오늘 '연필깎이가 필요한가.'에 대한 표결 결과, 반이 넘게 필요하다고 손을 들었다. 나는 연필깎이 놓인 데가 항상 시커멓게 되고 흑연과 나무 가루가 지저분하게 흩어져 있는 것을 보아 왔기에 은근히 반대로 이끌었지만 사 달란 애들이 더 많았으니 받아들일 수밖에.

칭찬 어린이와 나쁜 어린이 정하는 시간에 의견이 가장 많다. 그리고 이 시간에 지난주 칭찬 어린이로 선정된 사람에게 우리 반 모두의 이름으로 만든 상장을 준다. 오늘은 지난주 칭찬 어린이가 없어서 바로 이번 주 칭찬 어린이 뽑기로 들어갔다. 문선호가 후보로 추천 되었다.

선호는 예전에 빨간 딱지를 가장 많이 받아 학년별 축구 대회 때도 선수로 나가지 못하는 신세가 된 적이 있다. 학교 축구부이고 골키퍼로 재능이 있는 아이인데 그 좋아하는 반별 축구 대회 '출전 자격 정지'라는 벌을 받게 되었으니 얼마나 괴로웠겠나. 예선 두 경기, 준결승 한 경기 모두 세 경기에 출전하지 못하면서 선호는 참가하게 해 달라고 애걸복걸했지만 난 눈 딱 감았다. 축구 경기를 구경하러 나온 교장, 교감, 체육 선생님께도 자기 출전하게 해 달라고 부탁해 봤지만 그분들도 우리는 권한이 없다며 담임 선생님한테 가서 말해 보라고 하셨다. 그런 선호를 앞에 세워 놓고, 우리는 "임마, 그러니까 평소에 잘하지." 하면서 실실 놀려 댔다. 우리 반이 경기를 할 때 선호는 똥 마려운 강아지처럼 축구장 둘레를 돌면서 퀭한 눈으로, 부러운 눈으로 바라보았다. 맘이 약간 흔들리기도 했지만 그냥 모른 척했다. 결국 우리 반이 어려운 상황이 되어 가던 준결승전 후반전부터 뛰게 했다. 오랜 가뭄 끝에 물 만난 물고기처럼 펄펄 살아서 이리저리 몸을 날리며 공을 막아 내어 우리 반이 우승하는 데 큰 공을 세웠다. 아이들이 모두 선호 덕분이라고 추켜세웠다.

이 일이 계기가 되었는지 내가 생각해도 애가 참 착해졌다. 그전엔 오로지 축구밖에 모르고 다른 건 뭐든지 안 해 오고, 잊어 먹고, 대충하고,

그래서 하루에도 몇 번씩 이름이 불리고, 집에 뛰어 갔다 오고, 남아서 해내고 그랬다. 그랬던 선호가 지난주에 한 표가 모자라 칭찬 어린이로 뽑히지 못했는데 오늘 또다시 후보로 추천을 받았다.

- 모둠별로 기르던 무순이 담긴 접시를 누가 떨어뜨려서 바닥에 물이 흘렀는데 선호가 시키지도 않았는데 걸레 들고 와서 닦았다.
- 조회 때 주환이가 상 받으러 나갈 때 옆 반 애가 비웃었는데 선호가 걔를 혼냈다.
- 축구 경기에 못 나가게 된 이후에 욕도 하나도 안 하고 무엇이든 열심히 한다.

많은 아이들이 손을 들고 선호가 왜 착한 어린이로 뽑혀야하는지 근거를 댔다. 의견을 다 듣고 표결에 들어갔다.

"문선호 어린이가 이번 주 칭찬 어린이로 뽑히는 것에 찬성하시는 분 손들어 주십시오."

놀랍게도 만장일치! 아이들은 손뼉을 치며 환호성을 질렀다. 선호는 큰 눈을 껌벅이며 입가에 빙그레 웃음을 흘리고 있었다. 우리 반 아이들의 순수하고도 현명한 판단과 선호의 그 흐뭇해하는 선한 눈빛이 어찌나 좋아 보이는지. 우리 반 녀석들, 꽤 괜찮단 말이야.

남자애들은 놀리는 재미로 산다

최철호

날씨: 아침부터 흐렸다.

고추 도둑

급식을 먹고 난 뒤 나는 밭에 갔다. 밭을 보니 내 고추밭에 있던 큰 고추가 사라져 있었다. 아무리 찾아도 보이지 않았다. 나는 반에 들어와 충격을 받아 엎드려 있었다. 그래도 용기를 내서 일어섰다. 사회 시간이 되고 나는 또 엎드렸다.

'고추가 어디 갔을까 엄마와 한 약속과, 형래와의 약속을 못 지키게 됐다. 대체 고추 도둑은 누굴까?'

나는 속상해서 눈물이 조금씩 흘러나왔다. 승현이가 왜 눈물 흘리냐고 물어봐서 대답해 줬다. 승현이는 집에서 키우는 고추를 준다고 했다. 나는 그냥 내가 키운다고 했고 이제는 집에서 키우기로 했다.

요즘 배우는 것에 새롭게 흥미를 느끼며 많은 시간을 투자하고 있다. 그로 인해 애들에게 많이 신경 쓰지 못한 미안함을 감출 수가 없다. 언제나 나에게 힘이 되고 미소 짓게 하는 두 아들 녀석. 이런 엄마 마음을 헤아려 줬으면 좋겠다. 사랑해, 예쁜 아들!

덧붙임: 아빠와의 시간을 많이 갖게 되어서 너무나 기분이 좋다.

✱ 뭐 배우시는지 궁금해요. 아빠와 많은 시간 갖게 된 까닭도 궁금하네요. 시간 되시면 살짝 알려 주세요.

날씨: 오늘 날씨는 지멋대로다. 맑았다 흐렸다……. 나랑 장난하자는 건가? 우리 반 애들 중에 벌써 선크림을 바른 애들이 있다. 끈적할 텐데…….

남자아이들

이거는 정말 궁금하다. 왜 여자애들이 때린다는 걸 알고서도 왜 싫어하는 짓을 자꾸만 할까? 나한테는 '빛나는 이마', '이명박 소녀'인지 '이빡빡 소녀'라는 별명을 막 부른다. 무시를 해도, 때려도, 소용이 없다. 그런데도 남자애들은 여자애들이 때린다는 걸 알면서, 그게 두려우면서, 무섭다면서……. 남자애들 마음을 도통 모르겠다. 뭔 생각인지?

특히, 우리 모둠 남자애들은 홍비와 나를 놀리는 재미로 사는 거 같다. 홍비 보고 '여장 남자'라 하지 않나. 뭐, 내 일도 아니지만 시끄럽다. 내 성격을 아는데! 내가 화나면 '조폭'으로 변신하는 거 알면서! 아, 진짜 남자애들 마음을 한 번 보고 싶다.

이문영 어머니

며칠 전 일이다. 문영이가 학교 갔다 오더니 울먹이면서

"엄마!"

"왜?"

"엄마, 호준이 알지?"

"그래."

"엄마 글쎄, 호준이 아빠가 돌아가셨대."

"왜?"

"호준이 아빠가 너무 일을 무리하게 해서 과로로 쓰러져서 돌아가셨다고 선생님께서 말씀하셨어."

얘기를 하면서 문영이가 얼마나 우는지…….

"호준이는 엄마 얼굴도 모르고 아빠까지 돌아가셨으니 불쌍해서 어떡해 엄마. 호준이가 학교에 돌아오면 내가 어떤 얼굴로 호준이를 대해 줘야 돼?"

말을 하면서 연신 눈물을 흘리는 딸을 바라보는 내 마음도 짠하고 눈물이 핑 돌았다. 문영아, 호준이가 돌아오면 밝은 얼굴로 인사하고 친하게 지내렴.

★ 우리 반 동무들 모두가 마음 아파했어요. 다행히 호준이가 힘내서 웃으며 잘 지내고 있어

요. 아이들이 써 준 편지도 작은 힘이 되었나 봅니다.

김나영

오늘은 머리와 배가 아팠다

실과 시간에 컴퓨터실로 가서 공부하고 오는 길에 머리가 너무 아팠다. 난 어차피 급식을 먹는 것은 내가 맨날 일등이니깐 괜찮다고 생각했는데 저 멀리에 지민이가 있어서 난 더 세게 뛰었다. 지민이는 숨이 찬지 조금씩 느리게 뛴다. 결국 내가 일등으로 받는데 꼬치가 있어서 먹음직스럽겠다 하고 국물 받고 빈자리에 앉는 순간 배가 아팠다. 선생님은 내 자리 바로 앞에 앉았다. 난 배도 아프고 머리도 아파서 꼬치 한 번 먹고 버리려고 하는 순간 선생님께서 "어디 가?" 하고 물으셔서 난 버리러 간다고 했더니 좀 놀란 표정인 것 같았다. 그리고 꼬치를 버리려는 순간 민지가 꼬치를 달라 해서 난 줬다.

교실에 가서 책상에 누워 있었는데 너무 아파서 결국 눈물이 나오고 말았다. 호준이와 철호가 "왜 그래?"라고 물어서 나는 아프다고 했더니, 보건실에 가 보라고 해서 난 괜찮다고 했다. 내 생각에는 컴퓨터실에서 뛰어오면서 좀 머리가 어질한 것 같았다. 손을 씻으러 가는 중에 선생님이 다가오신다. 선생님은 어디가 아프냐 해서 난 배와 머리가 아프다고 하니 날 안아 주시면서 교실까지 갔다. 난 그때 기분이 좋았다.

교실로 들어오고 조혜원이 왜 우냐고 물어봐서 난 말하려는 순간 지민이가 "아파서 운단다." 하면서 퉁명스럽게 말한다. 좀 기분이 나쁘다. 자기는 제대로 알지도 못하면서 끼어들고 제발 지민이는 고쳤으면 좋겠다.

그리고 오늘 배와 머리는 너무 아팠다.

김나영 어머니

시골로 마늘 작업 가던 날

지난 주에는 호산에 계시는 할머니 댁에 아이들을 데리고 애들 큰아빠랑 함께 다녀왔다. 이른 아침부터 일어나 애들 큰아빠랑 마늘 캐기 작업을 하였다. 아이들을 하나둘 꾀어 텔레비전 속에서나 볼 듯한 '체험, 삶의 현장' 마늘 캐기 작업을 시켰다. 나영이는 양파를 뽑기 시작했는데 얼마나 야무지게 일을 잘하는지 옆에서 일을 하던 애들 큰아빠가 칭찬을 해 주시니 더욱더 신이나 열심히 하는 모습을 볼 수가 있었다. 이마에 땀이 송글송글 맺혀 가며 일을 하는데, 문득 우리 부모님들은 자식들 하나라도 더 챙겨 주려고 아픈 다리에 침을 맞아 가며 일하시는데 이다음에 우리도 자식을 위해서 과연 이렇게 희생을 할 수 있을까 하는 생각이 들었다. 옛날 노인 분들 말씀에 '일하고 먹는 밥은 꿀맛이다.'라고 하시는데 이날 처음으로 땀을 흘려 가며 일한 보람이 있어서 그런지 반찬이 없어도 밥맛이 너무너무 좋았다.

오후에는 아이들을 데리고 냇가에 나가 다슬기를 잡았다. 첨벙첨벙 물 속을 걸어 다니며 나영이와 남규는 개구리 잡기에 여념이 없다. 오늘은 모처럼 아이들과 알차고 보람된 하루를 보내고 돌아왔다.

✿ 나영이 일기 보니까 아주 좋았더라고요. 오늘 아침에 와서는 다슬기 국 먹었다고 자랑이네요. 항상 밝고 명랑한 나영이랍니다.

이 글들이 책이 되겠다 싶어요

박다빈

날씨: 비가 와서 짜증났다.

몽실에게

몽실아, 안녕? 난 다빈이야.

너도 참 인생이 불행하구나. 댓골 엄마, 북천댁, 정씨 아빠가 돌아가셨다니……. 저번 주에 내 친구 호준이 아버지가 돌아가셨어. 호준이가 정말 안 됐었지. 몽실아, 넌 용감하니까 앞으로도 계속 힘내!

몽실아, 난남이가 꼭 네 맘을 읽고 있는 것 같지 않아? 눈치도 다 알아차리고. 만약 갈 데 없으면 또 최 씨네 가는 거야? 아니면 또 다른 데 가는 거야? 아! 몽실아, 택시 타고 온 나쁜 사람들이 새치기해서 정씨 아빠 돌아가셨지? 나쁜 사람들.

몽실아, 난남이랑 참고 살아야 해! 알았지? 힘내! ─다빈 언니가 선생님께!

요즘 들어 다빈이와 대화를 나누다 보면 다빈이가 무척 선생님을 좋아하는구나 하는 생각이 듭니다. 시사 얘기든, 우리 나라 역사 얘기든…….

조심스럽게 몇 자 적을까 합니다. 다빈이와 얘기를 나누다 보니 너무 한쪽으로 치우쳐서 다른 한 면은 아예 흑백논리의 자를 대어서 무조건 나쁘다 하는 말들을 자주 듣습니다. 물론 선생님의 가치관과 교육관이 잘못되었다고 하는 것은 아닙니다. 다만 반대편의 얘기도 좀 더 관심 있게 다루어 주었으면 합니다. 솔직히 일일 교사 얘기도 다빈이와 대화를 하다가 이야기 초점이 벗어나서 일일 교사를 하는 날 선생님과 진솔히 이야기를 나누자 허락했던 일이랍니다. 어찌 보면 제 이런 소견이 건방지고 불쾌하실 수 있을 겁니다. 다만 저는 사랑하는 딸이 옳은 일 아니면 틀린 일 이런 흑백논리에 가까워지는 것 같아서…….

불쾌했다면 사과드리겠습니다. 선생님이 의도하신 교육관이라던지 다른 일에 대해서는 모두 찬성하고 고맙게 생각합니다. 제가 오늘 너무 횡설수설한 것 같네요.

죄송합니다. 하지만 한 번쯤은 고민해 주세요. 5학년 1반 학생들은 선생님 말씀 한마디에 좌지우지된답니다. 지루하고 횡설수설하는 제 글을 읽어 주셔서 감사합니다. 다음에 웃으면서 저녁 한 번 모셨으면 좋겠네요. 너무 길어지는 것 같네요. 마무리를 어떻게든 해야 하는데 앞에 너무 횡설수설해서인지 잘 안 되네요.

어쨌든 제 소중한 딸과 5학년 1반 친구들을 위해 고생하시는 선생님 고맙습니다. 장마가 온다고 하네요. 기후가 변하면 찾아오는 감기 조심하시고 안녕히 계세요.

추신: 죄송합니다. 직접 뵙고 얘기해야 하는데……. 삼척에 자주 없다 보니…….

★ 다빈 아버지! 죄송하긴요. 고맙지요. 이렇게 학교에서 보고 들은 것들을 부모님과 토론하고 이야기 나눌 수 있다는 게 흔치 않은 일입니다. 자식에 대한 관심, 교육에 관한 관심으로 받아들입니다. 교사가 어떤 말을 해도 못 받아들이는 아이가 있는가 하면, 한마디도 놓치지 않는 아이가 있지요. 교사에 대한 믿음, 신뢰가 높은 아이일수록 학업 성취도가 높다는 연구 결과가 나왔어요. 걱정 마세요. 치우쳤다고 생각하실지 모르지만 다빈인 앞으로 다양한 환경에 놓여지게 될 것이고 또 다른 선생님과 책과 세상을 만나면서 제 생각을 세워 나갈 거니까요. 결론은 이르지 싶습니다. 가능성을 열어 놓읍시다.

김민지 어머니

저번 주 금요일, 저녁 늦게 사촌 결혼식이 있어서 대구로 향했다. 차 안에서 민지에게 이런저런 얘기 끝에 엄마에 관한 얘기를 해 줬다. 칠 남매의 둘째로서 가고 싶은 대학도 못 가고 고등학교도 상과(상과에 대한 설명을 해 주면서)에 갔노라고. 부산에서 혼자서 자취하고 버스 타고 학교에 다녔으니 너도 고등학교 가면 혼자 생활할 수 있겠냐고. 당연히 '아니오.' 였다. 나 자신에게 왜 당연한 걸 묻냐고 반문하고 있었다. 속마음은 엄마가 힘들게 학교생활 했으리라 믿는 우리 딸이지만 말끝마다 '왜?'라는 소리가 나왔다. "엄마들이 다 하는 소리. 얼마나 좋은 환경이야. 해 달라는 거 다 해 줘, 공부만 하면 되지, 그런데 왜 안 하느냐."라는 잔소리가 싫어서 더더욱 민지가 삐딱한 소리를 했을 거란 생각이 들었다. 이해 안 가는 소리를 하느니 나중엔 학교를 졸업해서 대기업 공채 시험 합격한 얘길 했다. 그랬더니 민지가 "엄마 공부 잘 못했잖아. 몇 등 했어?"라고 했다. 참으로 힘이 들고 한편으론 웃으면서 갈 수 있었다.

요즘 아이들은 힘든 걸 너무 모른다 싶을 정도로 편안히 누리면서 지내는 게 불안할 때가 많다. 내가 너무 앞서가는 걸까도 싶다. 세월이 너무나 빠른 것도 같다. 그래서 더욱더 아이들 장래가 걱정된다. 고유가 시대, 세계 경제가 너무 힘든 지금 이 아이들이 직장이라는 걸 갖고 제대로 사회생활을 할 수 있을는지…….

이십 년 전으로 돌아가 생각해 보면, 예전이 훨씬 자유롭고 평화로이 생활할 수 있어서 좋았던 것 같다. 뭘 먹어도 맛있었던 예전이었는데 요즘은 골라 먹어도 시큰둥하다. 우리의 혀끝에서부터 변화되는 현실이다. '아! 옛날이여.' 학교 갔다 오기가 무섭게 가방 던져 놓고 돌치기, 구슬 따먹기, 간식이라곤 왕사탕. 내 새끼도 이렇게 키우고 싶은데 절대로 안 되겠지.

얼마 전 두타 체험 학습장을 다녀오고 좋아하는 민지 모습은 어느 때도 보기 힘든 모습이었다. 오늘은 비닐봉지를 가방에 넣으면서 자기 모둠이 심은 쑥갓을 따 오겠다고 자랑한다. 집에서도 하지 않는 걸 선생님께서 해 주시니 어떤 때는 주순영 선생님이 유별난 선생님이 아니신가 싶은 생각이 든다. 엄마로도 해 주지 못하는 특별한 기쁨을 주시니 고마울 따름입니다.

오늘 모둠일기는 민지 아빠가 기록을 하시라고 12시가 넘도록 기다렸는데 볼링 모임이 있어서 2차까지 갔는지, 도저히 적을 수 없을 것 같아서 민지 엄마가 적었습니다. 열심히 쓰고 있는데 들어오셔서 뭐하냐 하는 걸 책 만들려고 글 쓰고 있다고 했어요. 가만히 생각하니 이 글들이 책이 되겠다는 생각이 드네요. 저 결혼한 후로 이렇게 펜 오래 들고 글 써 보기는 처음이에요. 아마 다른 엄마들도 그럴 거 같아요. 살면서 추억일 거예요.

✦ 민지 어머니 어렸을 적에 굉장히 씩씩한 여자아이였을 것 같아요. 지금 민지는 아주 여성스 러워 보이지만 속에는 엄마의 활달함을 이어받아 뜨거운 피가 흐르고 있을 거예요. 예, 책 만들고 싶어요. 학부모님들의 소중한 글들 그냥 두기엔 너무 아깝지요. 어떤 식으로든 생각 해 보려고요.

김영래

날씨: 오늘은 장마인지 비가 와도 너무 덥다. 밤에 외식 먹으러 가는데 더웠다. 오늘 은 장마인가 보다.

몽실이에게

몽실아 안녕? 나 영래야. 너는 집이 가난하잖아. 그럴수록 힘내야 돼. 그래야지 너가 살아 나갈 수 있고 잘 살 수 있어. 그리고 구걸하는 것은 올바른 일이 아니지만 난남이를 살리려고 하는 것은 정말로 옳은 일이 야. 엄마도 죽고, 새엄마도 죽고, 너는 참 불쌍하구나! 그리고 영순이, 영 준이를 많이 보고 싶지? 보고 싶으면 그 아줌마를 때려서라도 많이 만나. 너가 자신감만 있으면 뭐든지 해낼 수 있을 거야. 밥이 없으면 맨날 구걸 이라도 해. 아니면 일을 하든가. 그래야 돈을 벌고 할 수가 있어. 우리는 아빠가 벌어 오지만 너는 아빠도 다쳐서 돈도 못 벌고. 몽실아 니가 악몽에서 싸워나갈 때까지 파이팅이다.

오늘은 영래 아빠가 천안으로 연수를 갔다가 사흘 만에 집으로 돌아오는 날. 영래 아빠가 외식을 하러 가자고 한다. 밥하기 귀찮았는데 잘됐다 싶어 얼른 그러자고 했다.

영래가 학원에서 돌아오기만을 기다리며 아빠가 연수원에서 배운 카드 마술, 피에로 코 마술, 보자기 마술을 선 보였다. 어딘가 모르게 허술하지만 그래도 집에 오면서 우리에게 보여 줄 생각을 하고 얼마나 흐뭇했을까 하는 마음이 느껴진다. 비록 영래 아빠가 원하는 호응도 (신기해하는) 연기(?)는 못 해서 미안하지만 가족을 위해 많은 연습을 했을 영래 아빠의 마음을 조금이나마 알 것 같다.

며칠이었지만 아빠가 없어서 허전해했던 아이들, 그리고 나, 멀리서 우리를 보고 싶어 했을 아빠. 우리 가족 구성원은 오늘 다시 하나가 되어서 행복했다. 오늘 유달리 고기가 더 맛있었다.

✦ 영래 아빠가 그런 좋은 연수 받고 오신 거예요? 그럼 우리 5학년 1반에 한 번 초대하면 안 될까요? 마술 초청 수업! 부탁드립니다.

감사하는 마음으로 살려 한다

함호식

날씨: 화창함.

짜증나는 영어 수업

나는 영어가 싫다. 왜냐하면 영어를 다 읽었는데 다시 읽으라 하고 자세도 다리를 세우는 게 난 편한데 선생님은 똑바로 앉으라고 하고 빨리 하라 하고……. 나는 이런 말에 스트레스 받는다. 영어 수업 정말 싫고 끊고 싶다.

함호식 아버지

날씨: 올해는 마른 장마라 하더니 그 말대로 장마권에 진입을 했다고 해도 비는 오지 않고 하루 종일 푹푹 찌는 날씨만 계속 되었다.

요즘엔 아침에 눈을 뜨면 하루가 어찌나 빨리 가는지 모르겠다. 누가 시키지도 않았는데 날짜들은 그렇게 하루하루 지나간다. 매일 하루하루 사는 것에 너무 매달려 지쳐 있는 나!

육 년 전 고향인 강릉에서 이곳 삼척으로 제2의 삶을 살아 보겠노라고 이사를 왔다. 유한킴벌리라는 대리점을 시작했고 누구보다도 열심히 살 았노라고 자신 있게 말할 수 있다. 많은 것을 계획했고 또 지금에 와서 중간 점검을 해 보면 반 정도는 계획대로 가고 있는 것 같다. 이곳에서 우리 호식이와 효림이가 학교에 입학했고 또 나머지 과정도 이곳에서 마치게 하고 싶다. 강릉이 아닌 곳에서는 살 수 없을 거라고 생각했는데 이곳 삼척도 꽤 살 만하다. 그간 벌써 정이 많이 들었나 보다.

갑자기 내 어릴 적 모습이 생각난다. 축구를 너무 좋아해서 축구부에 들었던 적이 있다. 부모님 반대가 너무 무서워 축구 유니폼을 가방에 몰래 숨겨 가지고 다니면서 축구를 했다. 뭐 그리 대단하다고 그 시절엔 그랬다. 아들 녀석이 축구를 좋아하는 걸 보면 나를 많이 닮은 것 같다. 그런데 체력이 너무 약해서 그것이 걱정이다. 조금 피곤한 날이나 잠을 많이 못 잔 날에는 코피를 쏟는다. 왜 그렇게 약한 건지……. 누구를 닮았을까? 아빠 엄마는 안 그러는데…….

잠시나마 내 어릴 적을 생각해 보니 아이들 마음을 조금은 알 것 같다. 그리 잘하지 못하는 공부 때문에 난 가끔씩 호식이에게 "공부 좀 열심히 해라."라고 말하기도 한다. 나도 그렇게 못 했으면서 어른이 되고 또 부모가 되어 이런 말들이 자연스럽게 나오는 걸 보니 나도 어쩔 수 없는 사람인가 보다.

호식이가 요즈음 많이 씩씩해진 것 같아 보기가 좋다. 나에게 와서 장난도 걸고 스킨십도 하고. 사실 호식이는 마음이 너무 여려서 내가 타이르는 말 정도만 해도 눈물을 뚝뚝 흘린다. 좀 강했으면, 남자다웠으면 하는 게 내 바람이다.

항상 그랬지만 요즘 들어 더욱 난 행복하다는 생각을 한다. 아이들과 아내가 있어 행복하고 또 아이들이 건강해서 행복하고. 난 너무 욕심을 내지 않을 생각이다. 현실에 만족하면서 하루하루를 감사하는 마음으로 살려한다. 모든 것이 다 감사한 마음.

✦ 호식 아버지, 글 참 좋아요. 음, 호식이가 자주 강릉엘 가기에 친척이 많이 계시나 보다 했는데 원래 강릉이 고향이시군요. 삼척에 와서 터 잡고 열심히 살아오신 모습이 눈에 그려집니다. 호식이도 이곳에서 아버지 삶을 이어 열심히 살아 나가리라 믿습니다. 호식인 두 면이 있어요. 조용하고 쑥스러워하는 모습과 여자아이들 틈에서도 활발하게 춤추는 모습이요. 활달한 모습이 평소에 더 살아났으면 하는 바람이 있습니다.

조혜원

날씨: 어제는 비가 오더니 오늘은 완전 한여름 날씨처럼 더웠다. 어제 저녁에 자기 전에 '내일도 비 오겠지?' 했는데 전혀 뜻밖의 일이어서 좋기도 했다. 화창한 게 바람도 좀 불고 좀 덥긴 했지만 좋았다.

원어민 교사와 영어 수업

오늘 수업 시작 1교시부터 원어민 선생님이 오셔서 수업을 해 주셨다. 난 왠지 기분이 좀 색달랐다. 처음으로 다른 나라 선생님과 수업을 하는 거여서 들뜨기도 하고 재미있을 것 같았다.

선생님이 인사하고 뭐라고 말씀을 하셨는데 웬만한 건 다 알아들었다.

차마 영어로 쓰진 못하겠지만 궁금한 게 있으면 질문하라는 둥 나이는 뭐고 이름은 뭐라는 둥, 발표해 보라는 둥, 빠르게 해 달라는 둥, 거의 다 알아들을 수 있었다.

우리 반 남자, 여자애들은 소주 좋아하냐는 질문, 김치 잘 먹냐는 질문, 어디에서 살다가 왔냐는 질문을 했다. 대답하는 하나하나가 다 웃겨서 선생님이 한 번 뭐라 얘기하면 애들이 깔깔깔, 까르르 웃어 댔다. 난 너무 즐겁고 좋았다. 선생님도 재밌게 해 주셔서 더더욱 좋았다.

난 수업이 잘 안 될 것 같아 한편으론 걱정도 됐는데 재밌게 무사히 수업을 마치게 돼서 좋았다. 얼른 또 일주일 지나서 영어 시간이 왔으면 좋겠다.

조혜원 아버지

날씨: 운전 중에 에어컨을 틀어야 했던 더운 날.

6층 베란다에 불이 켜져 있어야…….

새벽 1시 전후, 한 잔 술을 마시면 3시쯤 퇴근하는 올빼미족 아빠인 까닭에 혜원이는 대체로 혼자 먼저 꿈나라에 달려간다. 방의 불을 끄고 베란다 등을 켜 두고 잠드는 게 습관이 되어 버린 혜원이.

퇴근 후 베란다 등을 끄기 위해 방문을 열면 등 빛 때문에 잠든 녀석의 모습이 보인다. 이불 덮어 주고 뽀뽀 한 번 하고 불을 끄고 나오는 게 나의 퇴근 습관이다. 불이 켜져 있는 날에는 혜원이가 있는 날이고 할머니 댁에 가서 자거나 친척집에 가는 날에는 당연히 베란다 등이 꺼져 있다. 며칠이나…….

6층 베란다 불빛을 보면서 퇴근하는 날은 마음이 포근한데, 불빛이 없는 날은 쓸쓸……. 그렇다고 혜원이가 없는 날에 일부러 불을 켜 둘 수도 없고……. 녀석은 알까? 이런 아빠의 마음을…….

추신: 태백산 가능합니다. 언제든지 차량 제공할게요.

★ 불 꺼진 창. 이장희라는 가수가 불렀던 노래. 이 노래를 즐겨 부르시던 선생님이 생각나네요. 마음이 너무 많이 아파서 돌아가셨는데…….

나중에 생각하니 무척 미안했다

송영채

날씨: 아침부터 흐리더니 지금은 비가 주룩주룩 오네.

달마는 잘생겼다.

내일이 엄마 생일이다. 그럼 몇 살이지? 한 살, 한 살 더 먹다가 엄마가 할머니처럼 늙을 때도 있겠지. 요즘 엄마가 아프신 데도 많다고 하셨다. 늙어 가면서 많이 아프신 거 같다.

그래서 오늘 쌈촌에서 고기를 먹게 되었다. 내가 형보고 "곰털 부선 장." 하고 놀리니까 엄마가 "털보 선장."이라고 놀렸다. 형은 자신이 달 마 스님이라고 했다. 그러자 엄마가 기다렸다는 듯이 달마 스님은 잘생 겼다고 했다. 인도 사람들은 대부분 미남형이라고 했다.

달마 스님은 처음에 아주 잘생겼다고 한다. 달마 스님이 지금으로 말 하는 중국을 옛날에 갔다고 했다. 달마 스님은 중국 사람들에게 불교를 전파했다. 훗날 중국은 우리 나라에 불교를 전파하고 우리 나라는 백제 시대 때 일본에 전파하지 않았다. 그런데 일본은 우리 나라하고 중국보다 불교가 더 많이 더 빨리 발달한 걸 보면 일본도 다른 나라에 의해 된 것이라는 생각도 든다.

그때 중국에서는 왕이 최고였는데 달마가 왕보다 인기가 많으니 화가 나지 않겠나. 왕은 수천 명이나 되는 군사로 달마를 잡으려고 했다. 달마 스님은 도술도 부릴 줄 알았다. 어느 날 어떤 도적이 죽었다고 했다. 도적은 달마처럼 도술 할 수 있지만 조금밖에 못 한다. 그리고 아주 잔인한 도적이었다. 내가 엄마보고 도적이 왜 죽었는지 어디에서, 어떻게, 누가 죽였는지 물어보았지만 엄마는 너무 물어보는 것도 실례라고 화를 내셨다.

그래서 달마는 도적의 몸으로 들어갔다. 유체이탈. 나 같으면 군사들을 장풍으로 없앴을 텐데. 귀찮게 유체이탈을 한 것인가, 나 같으면 확 날려버렸을 텐데. 불교를 전파하는 스님이라 생명을 죽이는 게 안 되기 때문이라서 그런가. 도적은 구천을 떠돌다가 달마의 몸속으로 들어갔다. 나중에 달마는 자기 몸뚱아리를 찾았지만 이미 몸뚱아리는 사라진 지 오래. 도적은 달마의 몸뚱아리 때문에 군사들이 잡아 올리려고 하니 도망쳐야 하는 신세일 것 같다. 이런 면에선 달마가 치사하다. 달마는 나중에 늙은 사람이 돼 다시 만났다고 했다. 하지만 달마는 '이런들 어떠하랴 저러면 어떠하랴 마음 씀씀이가 중요한데.' 이렇게 하여 달마 스님은 못 생기게 나왔다고 한다. 내가 보기엔 그렇게 못 생기지 않은데. 그럼 형아는 친구들이 달마라고 불러 주면, 형아가 잘생겼다는 뜻이겠네.

송영채 아버지

날씨: 아침부터 계속 흐리더니 하루 종일 비가 조금씩 오는 날씨였다.

사랑스럽고 애교 많은 작은 아들 영채에게.

아빠는 항상 우리 가족에게 미안함과 고마움을 전하고 싶구나!

우선, 남편 잘못 만나 이 고생하고 있다는 푸념만 하는 너의 어머니. 두 아이 키우기도 힘들 텐데 가사일 하며 직장에 다니는 너의 어머니에게 항상 미안하다는 말을 전하고 싶고, 영채 어머니! '고진감래'란 말이 있듯이 고생 끝에 낙이 온다는 것처럼 지금까지 고생만 해 왔지만 앞으로는 좋은 날이 오겠지요. 지금은 매우 힘들지만 조금만 참아 달라는 부탁과 가정에 충실하리라는 약속과 함께, 말로는 잘 표현하지 못하지만 진심으로 사랑한다고 전하고 싶소.

두 번째는 하나밖에 없는 너의 형 영준이 큰아들. 가끔은 긍정적으로 받아들이지 않고 부정적으로 받아들이는 아들이 조금은 못마땅하기도 하였지만, 물론 작년은 사춘기라 이유 없는 반항이었다 생각한다. 아빠가 성장해 온 세대와 시대가 다르니까 이해하면서, 항상 큰아들 답게 든든하게 잘 커 준 아들, 이제는 매사에 긍정적으로 받아들이고 있는 큰아들에게 고마움과 부탁을 전하고 싶구나. 부탁은 중학교 입학할 때 반 배치고사 실력과 모의고사 전교에서 일등한 실력을 계속 꾸준히 노력하여 자리를 지켜 주기를 부탁하며 생각을 바꾸기를……. 너의 머리로는 분명히 할 수 있다고 아빠는 생각한다. 너는 똑똑하고 머리가 영리하니까 요즘처럼 열심히 하면 되는 거야. 부탁한다 큰아들.

세 번째 막내 답고 딸같이 애교 많은, 정을 독차지하는 작은 아들 영채, 아빠 엄마 부부싸움 할 때도 가교 역할을 하며 갖은 애교와 말로 아빠 엄마에게 웃음을 주는 작은 아들 영채. 너는 매사에 너의 할 일도 잘 알아서 하는 착하고 기특한 아들이지만, 이제는 5학년 중반인데도 한글 받침이 틀리는 게 많구나. 물론, 그림도 잘 그리고, 방 청소며 자기 물건 정리정

돈도 잘하지만 책을 많이 읽기를 부탁한다. 그러면 자연히 받침이며 맞춤법을 알 수 있으니까.

아무튼 아빠의 역할에 충실하지 못하고 제대로 하지 못하는 것 같아 가족 모두에게 미안하다고 작은 아들의 모둠일기를 빌어 전하고 싶구나.
– 영채의 모둠일기에 동참하면서 우리 가족을 사랑하는 아빠가

✦ 영채 아빠의 첫 모둠일기군요. 남편으로, 두 아이의 아빠로 사는 일이 행복하지 싶습니다. 식구가 있어 삶을 지탱해 주는 든든한 버팀목이 되는 것 같습니다.

김지민

날씨: 오늘 야영은 비 때문에 다 망했다. 밤부터 계속 텐트를 찌르던 비는 날이 밝아와도 그칠 줄 몰랐다. 원래는 점심 먹고 가는 건데 새벽에 짐 챙기고 텐트를 철수하고 7시에 우리 보 동생 부모님이 차를 태워 주셨다. 집에 올 때까지도 비는 계속 왔다. 비 오는 것보다 해가 쨍쨍 나 더운 게 훨씬 나았겠다는 생각이 머릿속에서 떠나질 않았다.

컵스카우트 야영

21일이 컵스카우트 야영 가는 날이다. 시간을 잘 몰라서 아는 언니한테 물어봤는데 9시 10분이라고 했다. 나는 그때 야영 가방을 가져오지 않아서 엄마한테 전화했다. 엄마는 알았다고 했다. 나는 선생님께 말씀드리고 나왔다. 엄마가 계속 안 와서 짜증도 나고 엄마가 밉기도 했다. 엄마는 무거운 짐을 힘겹게 들고 왔다. 엄마와 짐을 가지고 컵스카우트 선생님께 가니까 9시 10분에 가는 게 아니라 학교를 마치고 가는 거였다.

엄마한테 미안해졌다. 엄마는 컴퓨터 실에 수업하러 가니까 손을 흔들어 줬다. 나는 나도 모르게 건성으로 인사했다. 나중에 생각하니 무척이나 미안했다.

학교 마치고 집에 가니까 엄마가 "그러니까 엄마가 시간 제대로 알아보라고 했지!" 했다. 짐은 학교에 있어서 따로 안 가지고 가도 됐다. 엄마는 따뜻한 밥을 주었다. 먹고 가라고 했다. 시간은 넉넉했다. 엄마가 동생이 아파서 병원에 갔을 때 나는 눈물이 났다. '내가 왜 이랬을까?'라는 생각도 하고 한편으로는 화낸 엄마가 밉기도 했다. 그때 엄마가 전화가 왔다. 챙기고, 조심히 잘 갔다 오라고 선생님 말씀 잘 들으라고 하며 전화했다. 그때 엄마가 밉다는 생각이 달아나 버렸다. 엄마가 너무 고마웠다.

야영은 우리 조 동생 지현이 부모님이 태워다 주셨다. 갈 때는 날씨가 그럭저럭 좋았다. 가서 저녁 먹고 계속 놀다가 장기자랑도 했다. 신규들은 선서식을 해서 늦게 왔다. 이때 비가 조금 와서 체육관에서 했다. 비가 와서 캠프파이어도 안 하고 담력 테스트도 안 하고 텐트에서 잤다.

새벽에 비도 오고 바람이 많이 불어서 친구랑 일어나서 가만히 있었다. 갑자기 방송에서는 비가 온다고 짐을 다 챙기고 체육관으로 가라고 했다. 몇 명은 체육관으로 가고 나를 포함한 나머지는 텐트 철거를 하거나 가만히 있었다. 지현이는 다시 엄마 아빠를 불렀다. 우리는 한 시간을 기다리다 드디어 차를 탔다. 그리고 차에 타서 몇 명은 잠을 잤다. 나도 잠을 잤다.

8시가 넘어서 도착했는데 집에 오니까 가족은 다 자고 있었다. 나는 비를 많이 맞아서 가자마자 샤워하고 머리를 감고 잤다. 온몸이 피곤했다. 비가 너무 싫다. 비만 아니었어도 더 있었을 텐데……. 그래도 어제 재미있었던 일들도 많았다.

5시 30분에 눈을 떴다. 쌀을 씻어서 가스 불에 올려놓고 김밥 재료를 하나둘 준비를 하고 있을 때 밥이 다 되어 가는 소리가 들려왔다. 오늘은 우리 작은딸 수련회 가는 날이다.

어제는 컵스카우트에서 야영을 다녀왔다. 가는 날 아침부터 시간을 잘 못 알아서 허둥대기에 야단을 쳐 보냈더니 마음이 편치 않았다. 비가 와서 걱정했는데 집으로 돌아온 딸의 얼굴을 보니 마음이 놓였다. 아이들이 셋이 있는데도 하루라도 같이 보내지 않으면 아직 많이 허전하고 걱정이 된다.

오늘 가는 수련회는 지민이가 기분 좋은 출발을 할 수 있게 엄마 사랑을 듬뿍 담아 지민이가 좋아하는 참치 김밥을 맛있게 말고, 후식으로 귤이랑 방울토마토를 함께 넣어 주었다. 오늘은 지민이만의 김밥을 싸면서 맛있게 먹을 우리 딸을 생각하니 너무 행복했다.

★ 컵스카우트 야영에 학교 수련회가 잇달아 있어서 좀 그랬네요. 수련회는 힘들었지만 재밌었다고 하네요. 이 작은 하루하루가 모여서 삶의 한 부분이 되어 가는 것 같아요. 학창 시절의 소중한 추억들!

김희홍

날씨: 따뜻하고 맑고 화창하기를 바랬건만 모진 비바람이 불고 날씨도 이가 시렵고 몸이 덜덜덜 떨릴 정도로 추웠다.

휘닉스파크 가는 중

가족 여행을 가는 날이다. 휘닉스파크로. 우리 가족은 8시에 일어나 씻고, 옷 입고, 준비하고 하다가 8시 30분쯤에 차를 타고 휘닉스파크로 향했다. '휘닉스파크 9시부터 한다는데……' 그리고 알고 보니 우리만 가는 게 아니고 작은 외삼촌네랑 같이 가는 거였다. 남홍이는 "아, 나 우리 가족들끼리만 가고 싶은데……."라고 했다. 그러자 아빠가 "괜찮아, 걱정 마. 가서 우리끼리만 놀면 돼."라고 했다.

나와 동생은 배가 고파서 김밥을 먹었다. 근데 난 당근을 아주 싫어한다. 그래서 당근만 쏘옥쏘옥 빼고 먹었는데 동생이 "아, 좀 먹으면 뭐 어떠나."라고 했다. '지는 오이 싫어하면서…….'

우리는 좀 가다가 면온 톨게이트에서 외삼촌을 기다렸다. 나와 동생은 기다리기 지루해서 사진을 찍고 놀았다. 날면서 찍는 사진, 돌탑 쌓으면서 찍는 사진. 시간이 좀 흘렀는데도 외삼촌은 오지 않았다. 그래서 외삼촌한테 전화를 하고 먼저 출발을 했는데 오 분쯤 돼서 휘닉스파크에 도착했다.

김희홍 어머니

주말에는 아이들을 데리고 가족들이 물놀이를 다녀왔어요. 장마철이지만 실내라 괜찮을 것 같아서 계획하고 떠났지요. 여러 가지 물놀이 기구와 스파를 즐기고 아이들과 즐거운 시간을 보냈어요. 처음 가 보는 곳이라 아이들이 굉장히 좋아하더군요. 저도 애들 아빠도 무척 재미있었어요.

앞으로 한 가지씩 계획 세워 아이들과 같이 실천해 나가려고 합니다.

여행으로 얻어지는 즐거움을 아이들과 같이 말입니다. 등산도 하고 체험도 하는 가운데 아이들이 커 가겠지요. 저는 희홍이가 늘 정신이 맑은 아이로 자랐으면 하는 바람입니다. 장마철이라 건강 유의하시고 친구들아, 행복해져라. 희홍이도♡

★ 가족 여행 즐거우셨지요? 쉽지 않은 결정이셨을 텐데……. 아이들에게 이런 경험과 즐거움을 마련해 주는 것도 부모의 몫이지 싶어요. 더욱 단단해진 가족의 결속력!

6월 25일(수)
하나의 나라가 되면 좋겠다

박상혁

날씨: 아침에 비가 조금 오다가 그침.

수학 시험

2차 수학 시험도 망했다. 내가 1차 시험 때 20점을 맞아서 원빈이한테 열심히 배웠지만 어떻게 하는 줄 다 잊어버려 가지고 이번 2차 수학 시험도 망했다. 아마 선생님께서도 내 수학 시험지를 보시면서 "하! 쯧, 뭐야?" 하셨겠죠. 다시 옆집 형한테 수학을 배워야겠다.

박상혁 어머니

'하루쯤 아이들이 없다면 난 모든 게 해방이다.'는 생각을 했다. 아이도 수련회를 간다고 들떠 있고, 하루를 편안히 보낼 수 있다는 생각을 했다.

200

하지만 그건 아니었다. 도착해서 전화를 한다는 아이가 아무런 연락이 없다. 저녁 때가 되자 슬슬 걱정이 되기 시작했다. 물론 선생님들 인솔 하에 갔지만 그래도 걱정이 된다. 밤늦게 담임 선생님께 안부를 묻고 나서야 안도의 한숨을 내쉬었다. 그리고 이내 섭섭함이 몰려왔다. '벌써부터 엄마의 존재를 잊어버린 것 아닐까?' 하는 생각에……. 배신감.

다음 날 집에 돌아온 아이를 보면서 이내 웃음이 나왔다. 얼마나 놀았는지 축 처진 어깨를 보며 '내가 괜한 걱정을 했구나.' 하는 생각을 한다. 하지만 하루를 아이 생각하느라 아무것도 하질 못했다. 속이 상한다. 얼마 만에 누릴 수 있던 자유였던가! 나도 어쩔 수 없이 아이들 엄마인가 보다. 다음 번엔 이런 기회를 놓치지 않으리. 선생님 수고하셨어요.

✦ 상혁 어머니 마음 알 것 같습니다. 부모는 자식 걱정으로 애타게 가슴 졸이고 있는데 자식은 너무도 평온하게 자신의 일상에 빠져 그저 잘 지내고 있었군요. 상혁 어머니! 아무래도 어머니 누리실 자유의 시간을 위해 수련회 다시 한 번 다녀와야 할까 봐요. 히!

김세연

날씨: 아침부터 비가 오고……. 언제쯤이면 다시 장마철이 없어질까? 내일부터 맑고 화창하기를 바란다.

배

오늘 하루 내내 배가 너무 많이 아팠다. 나는 수업 시간에 수업을 들으려고 배 아픈 것을 눈치 채지 않도록 태연하게 있었다. 그런데도 계속 배가 아팠다. 참을 수 없는 고통이었지만 참고, 참고, 참고, 또 참았다. 요즘엔 이상하게 학교에서 배가 너무 아프다. 아프다는데 놀자는 유라, 아픈 데 좀 다른 애랑 놀면 안 되나? 이 일기 쓰면서도 배에 전해 오는 고통, 너무 힘들다.

김세연 어머니

세연아, 아프면 선생님께 말을 해야지. 아픈 것 참고 있는 게 얼마나 바보짓인 줄 알아? 이제 5학년인데 당당하게 이야기하고 떳떳하게 남 앞에 설 수 있는 세연이었음 좋겠다. 너뿐 아니고 다른 친구들도 장단점은 있는 법. 굳이 너만 있다고 생각 안 했음 좋겠다. 언제쯤이면 남 앞에 당당하고 떳떳이 서 있는 세연일 볼 수 있을까? 하루 빨리 보길 엄마는 기대해. 알았지? 뒤에서 숨기보단 앞에 나서서 당당하게, 파이팅!

🌸 세연이가 아픈 걸 감추며 공부를 했네요. 정말 전혀 눈치 채지 못했는데…… 때로 참 속 깊게 행동할 때가 있어요. 아픔은 참지 말아야 하는데. 어머니 바람대로 세연이가 자신의 생각을 또렷이 말할 수 있도록 해야겠습니다.

박조한

날씨: 맑음. (비가 옴)
6·25

오늘은 6월 25일이다. 바로 6·25 전쟁이 시작된 때다. 나는 딱 맞춰서 일기를 쓴다. 우리 외할아버지도 6·25에 참전하셨다. 다행히 부상과 죽음이 없어서 정말 다행이었다. 축구, 전쟁, 이런 것 없고 하나의 나라가 되면 정말 좋겠다. 6월 25일, 사람에게 베풀고 감사하는 마음을 가져야겠다.

박조한 아버지

오늘은 그냥 기분이 우울하다. 어제, 같은 동네 친구가 집진기 수리 도중 시멘트 가루에 묻혀 변을 당했다. 막상 그런 일이 일어나고 보니, 자식들은 앞으로 어떻게 살아가야 하나 걱정도 되고 기분이 왠지 우울하고 마음속으로 많이 반성도 된다. 친구를 많이 걱정하며, 행복한 곳으로 가기를 바라며 마음속 깊은 ○○을 믿고 보냈다. 부모는 죽으면 묘를 쓴다지만 자식이 먼저 죽으면 부모 가슴에 품고 있다는 사실, 오늘 그것을 느끼면서 하염없이 마음속으로 많이도 울었다. 진심으로 걱정하고 바른 길로 가기를 바라는 부모 마음은 한결 같은 것. 서로 의지하면서 하루하루 즐겁고 행복한 가정을 이어 가기를 진심으로 바란다.

우리 모두 건강하게 키워 준 아버님, 어머님 그리고 나의 자식에게 건강하길 진심으로 바라면서 두서없이 생각나는 나의 마음을 적어 본다.

✹ 가슴 아픈 일이 있었군요. 남겨진 가족들의 아픔에 무어라 힘 주는 말을 해야 할지……. 이렇게 뜻밖에 가까운 사람들의 사고 소식을 듣다 보면 사는 일이 무척이나 허망해지지요. 삶과 죽음은 동전의 양면, 종이 한 장 차이라는 말이 맞는 것 같아요. 기운 내서 꿋꿋이 살아 나가야지요. 우리 모두.

엄마도 많이 도와줄게

김형래

날씨: 해는 너무 쨍쨍히 떴는데 왜 이렇게 춥지?

안 가면 안 되어요?

엄마가 내일 새벽 2시경에 여행을 간다고 하셨다. 걱정이 많다. 엄마 차를 타고 갈지? 버스를 타고 갈지? 아빠는 출장을 자주 가셔서 괜찮은데…… 혹시 길을 잃어버리실지? 비행기를 타고 가다가 문제가 생기면 어쩌지? 이런 생각들로 내 머릿속이 꽉 차 있다. 안 가면 안 되나? 꼭 가야 하나? 안 갔으면 좋겠다.

김형래 어머니

일기가 금방금방 다가오는 것을 보니 세월이 빨리 지나가나 보네요.

형래 큰형이 밤 11시가 넘어 와 새벽까지 공부하니, 나도 무심한 엄마 되기 싫어서 잠자는 모습을 최대한 보이지 않으려 합니다. 그 시간 동안, 그동안 못한 서류 정리, 한지 공예 등을 합니다. 처음엔 적응이 되지 않았는데 이젠 어느 정도 자리를 잡아가고 있답니다.

내년이면 둘째까지 똑같은 생활을 할 텐데……. 지지 않으려고 열심히 하는 모습이 불쌍하게도 느껴지네요. 지난해까지는 고등학생 엄마가 이런 줄 미처 몰랐네요. 현실이 몸에 와 닿는 하루하루입니다. 엄마들, 애들 중학교 때까지 마음껏 쉬세요. 애들이 고등학교에 들어가니 엄마도 따라 학생이 되어가는 것 있죠? 애들 신경 안 거슬리기, 먹을 것 신경 쓰기, 잠이 부족하고 과제물과 공부가 많으나 표시는 잘 안 내요. 스트레스가 이만저만이 아니네요. 마라톤 시작인데 아무 탈 없이 끝까지 완주했으면 하는 바람입니다.

🌺 형래가 우리 반에서 키도 큰 편이고 덩치도 제법 있는 편인데, 엄마 걱정을 너무 많이 하네요. 세 아들 가운데 막내라서 그런가? 집에서 막내가 더 부모님께 애틋하잖아요. 형래 엄마 너무 씩씩한데 아들 염려가 지나쳐 보입니다. 무사히 잘 다녀오실 거죠?

이혜원

날씨: 따뜻했다. 그럭저럭 괜찮았다. 불쾌지수 30퍼센트.
혜윤이 정말 괜찮을까?

사흘째 안 나온 혜윤이. 처음엔 엉뚱한 생각까지 했다. 무슨 생각을 했냐면 우리가 수련회 가서 3박 4일까지 있는 줄 알고 있어서 안 나오는 건 아닐까? 그런데 생각해 보니 말이 안 되는 게 있었다.

1. 주간 예고안에 써 있다.

2. 안 나오면 선생님이 전화를 하신다.

이런 경우가 있다. 선생님께서 혜윤이가 몸살이 나서 못 온다고 했다. 걱정된다. 내일 혜윤이가 건강한 모습으로 학교에 왔음 좋겠다.

이혜원 어머니

오늘도 혜원이는 친구 걱정뿐이네. 걱정거리가 너무 많아 공부할 시간이 없구나. 친구 걱정은 잠시만 하고 학기말 고사가 며칠 안 남았으니 최선을 다해야 하지 않겠니? 행복은 성적순이 아니지만 공부할 수 있을 때 해야 한다고 생각해. 우리 열심히 하자. 엄마도 옆에서 많이 도와줄게. 파이팅!

벌써 잠자리가 날다니

최철호

날씨: 맑아 하늘이 뻥 뚫린 것이 다 보인다.

여름 잠자리

피아노를 끝내고 집에 갈려고 계단으로 갔다. 그런데 내 옆으로 이상한 것이 지나갔다. 알고 보니 잠자리였다. 참 신기하다. 벌써 잠자리가 날아다니다니. 날씨 때문인 것 같다. 왜 그런 생각을 했냐면 아빠가 그렇다고 했기 때문이다. 하지만 나도 날씨의 변화 때문에 그런 것이라고 생각한다. 그리고 어쩌면 원래 이 시기에 태어나는 것일 수도 있을 것 같다.

최철호 아버지

퇴근하면 버릇처럼 텔레비전을 켠다. 그런데 이게 웬일, 전원을 아무리 눌러도 켜질 생각을 않는다. 고장이란다! 텔레비전을 산 지도 십사 년, 결혼 혼수물로 여지껏 잘 써 왔는데……. 다시 구입을 할까 의논을 한 결과 일단 보류되었다. 어떻게 하다 보니 두 주째 우리 가정이 텔레비전 없이 지내 왔다.

그런데 두 주 동안 작은 변화가 일어났다. 즐겨 보던 방송의 시간대에 각자 텔레비전 앞에 바보가 되어 있던 우리는, 서로에게 시선을 보내게 되었다. 말없이 텔레비전에 열중하던 난 굳게 닫혔던 침묵을 깨고 자연스럽게 아이들과 이야기를 나누게 되었고, 텔레비전에 열중하던 시간은 무엇엔가 투자를 할 수밖에 없게 되었다.

그 결과 생겨난 단점은 아빠의 잔소리가 많아졌다는 것! 철호야 방은 깨끗이, 책꽂이는 정리 정돈, 옷은 옷걸이에, 숙제는 했니 등등 조금은 괴로울 것이다. 하지만 이로 인해 아이들과 그동안 서로의 마음들 즉 걱정거리, 요구 사항, 친구들 이야기, 학교 이야기 심지어 친구와 놀았던 사소한 이야기까지 하게 되었다.

개인적으로는 그동안 놓았던 책들을 정리해 보게 되었고, 무엇보다 '텔레비전이 없으면 어떡하지?' 하는 걱정과 고정관념에서 벗어난 듯하다. 아이들 또한 처음엔 적응하지 못한 듯하였지만, 며칠이 지나자 텔레비전엔 전혀 관심을 보이지 않았다.

고정관념! 참 무서운 병인 듯싶다. 꼭 이것 뿐만이 아닌 많은 것들이 있을 것이다. 아빠란 이유로 아이들에게 강요하고, 무의식 속에서 '해야만 한다'는 나의 욕심을 채우기 위한 수단으로……. 복잡한 생각들이 오간다. 힘들지만 아빠이기 전에 서로를 이해할 수 있는, 교감할 수 있는 공감대가 필요할 듯싶다. 텔레비전을 다시 구입하겠지만, 지금은 아닐 듯싶다. 현재의 이런 맘을 아이들과 더 즐기고 싶다. 좀 더 서로에게 자유로

워지고, 필요하다는, 있어도 괜찮다는 그때까지 보류할 생각이다.

★ 우와, 혁명이네요. 의도한 혁명은 아니지만 자연스레 찾아온 새로운 변화! 그래요. 텔레비
전이 집 안에 들어오면서 가족 관계가 끊어진 집이 많지요. 지금의 이 상황을 오래도록 누
리시길 바랍니다.

이문영

날씨: 오늘 아침엔 해가 떴긴 떴는데 구름이 해의 반쯤 정도는 가려서 그렇게 맑지
는 않았는데 오늘 오후부터 너무 더웠다. 그래서 체육은 못 하고 그 시간에 선생님
이 가르쳐 주신 게임을 했다.

놀자 (선생님이 가르쳐 주신 게임)

오늘은 오후에 체육을 할려고 했다. 체육 시간에 봉황산으로 올라가려
고 했는데, 너무 더운 날씨여서 취소했다. 그 대신 선생님이 게임을 가르
쳐 주신다고 하셨다. 근데 문제는 한 시간은 게임하고 한 시간은 시험을
본다고 했다. 애들은 시험 본다는 말에 야유를 했다. 농구장에 모인 애들
을 교실에 불러들여 게임을 시작했다. 처음엔 짝을 골라야 했는데 난 개
촌년 소현이랑 했다. 일단, 가위바위보를 해서 내가 이겼다. 그래서 고양
이를 택했다. 선생님이 게임을 설명해 주시고, 게임을 시작했다. 소현이
는 연달아 져서 벌칙을 했다. 애들은 내 작품을 보고 깔깔댔다. 이 게임
말고도 여러 게임을 했다. 근데 문제는 힘을 너무 많이 쓴다는 것. 근데
왜 이런 날에 교실 청소! 그렇게 힘들게 청소를 마치고 학원에 갔다. 선
생님이 가르쳐 주신 게임 참 재밌다. 딴 것도 가르쳐 줬으면……

문영이가 모둠일기가 마지막이라고 했습니다. 문영이가 오늘 모둠일기를 꼭 써 줘야 한다고 했습니다. 근데 모둠일기 꼭 써야 합니까? 다른 부모님들은 어떤지 몰라도 저는 되게 부담이 됩니다. 남편도 안 도와주고……. 문영이는 저만 바라보고 있으니…….

거기다가 제가 문영이 동생, 동우 시험 대비를 도와주느라 지쳐 있습니다. 동우는 수학은 잘하지만 국어와 즐거운 생활을 못해서 시간을 많이 끌었습니다. 근데 문제는 공부할 때는 그렇게 지겨워하던 눈이 공부 끝나는 동시에 아주 초롱초롱 해진다는 겁니다. 지금은 초롱초롱한 눈으로 딱지를 가지고 놉니다.

그리고 문영이는 화를 아주 잘 냅니다. 학교에서도 그런지 모르겠습니다. 자기 말로는 애들한테 화를 잘 낸다고 솔직하게 말하더군요. 그 말을 들은 저는 웃어야 할지, 야단을 쳐야 할지 모르겠습니다. 그래도 자기 일은 똑 부러지게 잘해서 제가 문영이는 신경을 쓰지 않습니다. 학교에서도 잘하는지 궁금합니다. 그리고 친구들은 잘 사귀는지요?

✱ 문영 어머니, 그동안 일 다니시면서 힘들고 고단하셔도 모둠일기에 참여해 주셔서 너무도 고마웠습니다. 문영인 잘하고 있습니다. 친구들과도 잘 어울리고요. 더운 여름, 건강하게 잘 보내세요.

날씨: 내가 제일 싫어하는 날이다. 불쾌지수 100퍼센트. 짜증나! 덥고 습기도 있는 날.

엄마, 영화에 빠지면……

210

우리 엄마는 한 번 텔레비전에 빠지면 말을 시켜도 못 듣는다. 지금도 메가티비로 액션 영화를 보고 있다. 난 엄마를 닮아서 엄마랑 같이 텔레비전 볼 때 동생이 나한테 말을 걸어도 못 듣는구나. 엄만 뒷장에 뭐라고 쓸까? 변명할 것이 과연 몇 개나 있을까? 뭐 나도 잘한 것도 없지만! 아, 무서워! 무서운 영화를 봤더니만…….

✦ 김연주 모둠일기 차례 좀 제대로 알지.

김연주 어머니

사람들 입으로 입으로 〈추격자〉라는 영화가 볼 만하다고 수차례 듣고, 벼르고 벼르다 오늘 시간을 내서 끝내는 봤네. 애들은 가라, 애들은 가라 했거늘 그런 건 더 보고 싶나 봐. 김연주! 엄마가 집중력이 좋아서 그래. 한 곳에 빠지면 정신을 못 차리잖니. 너가 이해 좀 해 주라. 오늘 영화 너희가 보기엔 조금 폭력적이고 언어도 적합하지 않은 말이 많이 나와서 안 봤으면 했는데, 곁눈질로 힐끔힐끔 보는 것 같더라. 무서웠지? 엄마도 무섭고 긴장되고 그랬는데……. 그러면서도 경찰들의 소홀한 업무 태도에 화도 나고, 서로 믿고 살아야 하는데 가까운 이웃도 믿지 못하는 세상이 갑자기 두려워졌단다. 너희가 어른이 되는 세상은 항상 푸르른 하늘처럼 맑고 깨끗한 세상이었음 싶다.

✦ 영화 보셨군요. 하여간 아이들이 있을 땐, 어른들은 보고 싶은 영화 한 편도 제대로 못 본다니까요. 아이들 눈치 살피랴…….

정말 시험이 뭔지……

김영래

날씨: 오늘 뉴스에서 장마가 시작될 거라고 했다. 그냥 해 구름이어서 학교에 갔다. 근데 오늘 엄청나게 더웠다.

내 동생

오늘 밤에 내가 엄마 휴대폰으로 게임을 하는데 다 끝나고 보니 동생이 학습지를 든 채 자고 있었다. 얼굴을 찔러도 성래는 일어나지 않았다. 나는 성래 귀에 대고 "김성래, 일어나!" 그래도 아무 소식 없다.

한참을 기다리니깐 갑자기 눈을 조금 뜨면서 또 돌아누워서 잤다. 내가 주스도 만들어서 줬는데……. 연필로 찔러도 코 고는 소리가 난다. 귀에 대고 일어나라고 몇 번이나 했는데도 잔다.

안경을 벗길까 말까 하다가 안경을 벗겨 주었다. 그래서 엄청 잘 잔다. 자기가 나보고 자지 말라면서.

영래야, 시험이 얼마 남지 않았네. 날도 더운데 공부하느라 힘들지. 날이라도 좀 시원하면 공부하기에도 좋을 텐데……. 며칠 전, 영래 보고 문제집 풀라고 해 놓고 엄마는 텔레비전 봐서 정말 미안하다. 좋아하는 방송이다 보니깐 너무 궁금해서 견딜 수가 있어야지. 그래도 영래는 열심히 공부하는 줄 알았더니만 너두 책상에 엎드려 자고 있더라. 순간 엄마가 욱해 소리 질러서 미안하다. 엄만 조금이라도 풀었나 보니깐 몇 문제 풀지도 않고 자고 있는 네 모습을 보니……. 널 자라고 들여보내고 한편으론 얼마나 피곤하면 졸고 있을까 생각이 든다. 엄마가 소리친 거 반성하고 있으니까 영래도 반성 좀 하고 최고가 되기보다는 최선을 다하는 영래가 되었음 좋겠다.

★ 기말고사 기간이라 다들 힘들어 해요. 아이들이 가장 힘들어 하고 옆에서 지켜보고 닦달하는 부모님들도 마음이 편치 않아 보입니다. 아, 얼른 시험이 끝나길…….

날씨: 아침에 일어나 보니 해가 살짝 떴다. 그리고 밖에서는 동물들이 울고 있다. "꼬끼오! 짹짹짹! 왕왕!" 동물들이 합창을 하는 것 같다.

마지막 모둠일기

오늘은 모둠일기를 마지막으로 쓰는 날이다. 나는 선생님의 말을 듣고 조금 서운한 마음도 있었지만 좋은 마음도 조금은 있었다. 마지막이라서 그런지 다른 애들 일기를 보고 싶고 더 열심히 쓰고 싶다. 엄마는 어떻게 쓸까? 마지막까지 일기를 잘 쓸까? 한 학기 동안 모둠일기를 썼는데 너무 재미있었다.

　'선생님! 아이디어가 정말 좋아요. 모둠일기는 끝났지만 일기를 계속
　열심히 쓸게요.'

이재건 어머니

　날씨: 무더운 여름 날씨다. 창문을 열고 얼굴을 내밀어도 뺨을 스치는 건 아무것도 없다. 가슴팍에 송글송글 땀방울이 자꾸만 맺힐 뿐……

　재건이에게 마지막 일기란 얘기를 듣고 조금은 아쉽다는 생각이 들었다. 모든 부모들이 자식을 생각하는 마음이야 글로 표현할 수 없을 만큼의 깊이를 가지고 있다고 생각한다. 국어사전의 낱말들을 다 나열한다 해도 부모 가슴을 채울 수는 없으리라.

　가끔 새벽이면 재건이의 생각 내지는 학교생활을 엿보기 위해 재건이가 잠든 사이 일기를 보곤 한다. 요 며칠은 재건이의 일기를 보고 많이 놀라고, 속상하고, 반성도 했다.

　'난 다른 엄마들하고 다르게 행동하고 말하리라!'

　늘 생각하고 다짐하곤 하는데 재건이 일기에 쓰여진 난 여느 엄마들과 전혀 다를 바가 없는 아니, 너무나 통상적인 엄마였다. 내가 재건이에게 보여 주고픈 마음은 다른 색깔이었는데, 내가 재건이에게 들려주고 싶은 말은 다른 박자와 리듬을 가진 소리였는데…… 내 생각과 마음을 전하지 못한 사실에 야속하기도 하고 마음속 커다란 집이 무너지는 것 같았다.

'그래 재건이 말대로 공부에 내가 너무 조바심을 내고 강제성을 띠고 말하였던 게 맞을지도…….'

앞으로 내 생각이 옳다는 관념보다는 재건이 생각과 생활의 틀을 존중하는 마음을 가지고 서로 의견을 나눌 줄 아는 대화를 해 나갈 것이다.

극단적인 단어 사용이 내 가슴엔 커다란 비수가 되어 꽂혔다. 얼마 전 학교에서 친구들과 다투었던 것 같다. 재건이가 자라면서 세상 모든 걸 경험하길 바라는 마음이다. 물론 몇 가지 예외는 있지만……. 친구들과 싸우기도 하고 사과도 할 줄 아는 모습 또한 지니기를 바란다.

그런데 내가 심각하게 걱정되는 부분은 우리 어릴 때와 너무도 다른 아이들의 모습이다. 초등학생의 마음과 생각을 지니고 상상도 할 수 없는 말들을 내뱉는다는 것이다. 어른인 나도 한번 입에 담아 보지 못한 말들……. 지금까지 살아오면서 한 번도 남을 향해 가져 보지 못한 생각들…….

일기를 보고도 재건이에게는 아무런 말을 하지 않은 채 모른 척했다. 앞으로 재건이 학교생활(중, 고등학교)이 무섭고 겁나기까지 한다. 눈물이 많은 내 아들 재건이는 그런 말을 듣고 무슨 생각을 했을까? 내 아들은 친구들의 마음에 무슨 아픔을 주는 말을 했을까? 너무 궁금하고 꼬치꼬치 캐묻고 싶지만 그러지 않으려한다. 재건이 자는 얼굴을 보고 있으려니 자꾸만 눈물이 흐른다.

✦ 마음이 많이 아프셨나 봐요. 재건 어머니 글을 볼 수 있어서 참 좋았는데……. 저도 많이 아쉬워요. 2학기 때는 원하시는 분만 쓰면 어떨까 싶어요. 재건이 너무 걱정 마세요. 여리지만 또 나름대로 치고 나갈 땐 잘해 나가요. 힘내시고요, 더운 여름에 태어날 재건이 막내 동생, 건강하게 잘 낳으세요.

날씨: 요즘 이틀 동안 비 오고 그다음부터는 밖에 나가서 십 분만 있어도 땀이 날 정도로 덥다.

아이 귀찮아!

학원 선생님이 오늘 나오라 하셨다. 아이 귀찮아! 집에서 푹 쉬고 싶었는데 선생님이 나오라 하시니까 너무 짜증이 났다. 요즘 밖에 날씨가 더워서 나가기도 싫은데 몇 번 고민하다가, 엄마가 할 땐 제대로 하라 해서 할 수 없이 갔다. 오늘만은 푹 쉬고 싶었는데……. 엄마의 그 말 한마디에 나갔다.

날씨: 연일 계속되는 폭염 주의보. 너무 더운 탓에 아무 일을 하지 않고 앉아 있어 보지만 소용이 없다. 푹푹 찌는 찜통 더위! 온몸에서는 땀이 비 오듯 흐른다.

삶의 회의감

나에게는 형제자매와도 같은 이모가 한 분 계신다. 우리가 아주 힘들어 한 시기에 아무 대가를 바라지 않고 많은 도움을 주신 분. 어제 그 이모의 시아버지가 돌아가셨다는 연락을 받았다. 오늘이 드장인데 사람의 도리로서는 당연히 가 봐야지. 사람이 기쁜 일에는 몰라도 슬픈 일에는 꼭 위로를 해 줘야 하는데…….

그런데 그 순간 머릿속에 아이들 고모의 말들이 떠오른다. 평소에 젊은 나이임에도 불구하고 점쟁이에게 너무 빠져 사는 시누. 며칠 전 아침부터 아주 기분 나쁜 꿈을 꿨다고 오빠, 언니 하루 동안 조심하라고 또 그에 따른 방편을 하라고 일러 주고……. 아무튼 지나치다 싶을 정도로 빠져 산다.

그런데 오늘 장사집을 가야 하는데 고모는 안 갔으면 좋겠다며 정 가야 하는 자리이면 또 방편을 해야 한다고 안 하면 큰일 난다는 식의 엄포를 놓는다. 들어나 보자는 마음에 듣고 있자니 참 어이가 없었다. 그 말인즉 "영안실에 가면 제일 먼저 화장실에 가서 오른쪽 발을 '쿵! 쿵! 쿵!' 세 번 하고 나와서는 소금과 고춧가루를 넣은 봉지를 만들어 영안실 밖에다 던지고 또 중간에 오는 길에 한 봉지 더 던지고, 그리고 집에 들어올 때는 소금을 온몸에 뿌리고 집에 와서는 소금물로 씻어야 한다."는 말이었다. 참 기가 막혔다.

'그러지 않아도 더운데 소금까지 뿌리면 어쩌자는 거야.' 짜증을 낸다. 평소에 나는 점 보고 하는 것을 너무도 싫어했다. 그런데 이번에는 시누이가 어찌나 강하게 말하는지. 사람 목숨을 가지고 얘기를 하고, 어머니 역시 좋은 게 좋은 거니까 그렇게 하자고, 하고 나면 마음은 편하지 않겠냐고……. 너무 더워서 낮에는 엄두를 못 내고 저녁 때가 되어서야 강릉 의료원으로 향했다. 처음에는 펄쩍 뛰고 안 하겠다고 했는데, 나도 어쩔 수 없는 마음 약한 인간인가 보다. 아이들 아빠가 죽는다는 말에……. 몇 달 전 아버님 죽음도 떠오르고 해서 할 수 없이 그렇게 했다.

영안실에서 이모의 모습을 보니 많이 지쳐 있었다. 그도 그럴 법한 것이 몇 달 동안 시아버지의 대소변을 다 받아 내면서 병간호를 했으니……. 뭐라 위로하는 말을 할 수 없어 "그간 고생 많았어. 돌아가신 분도 좋은 곳에 가실 거야."라고 했더니 이모가 그러신다. "사람 사는 것이 너무 허무하다는 생각이 든다. 우울증이 올 것 같다." 그렇게 마음 아파하는 이모를 위로하고 병원 문을 나서는데 사는 게 뭔가 하는 회의감도 들고 또 살겠다고 시누이가 시키는 대로 하려고 하는 내 자신이 한심하기도 하고. 아무튼 불안한 마음을 갖고 다녀왔지만 무사히 다녀오니 지금은 마음이 편하다.

호식이가 일요일인데도 학원에서 잠깐 공부를 하고 가라고 하니 투덜투덜. 날도 더운데, 그래도 가서 하고 오니 마음은 편하다. 정말 시험이 뭔지……. 힘들어 하는 아들을 애교로 달래고 보니 금새 애기 짓을 한다. 호식아, 힘내라!

✦ 내 가까운 사람이 운명을 달리하면 참 여러 가지 생각이 들 것 같아요. 순간순간 죽음에 대한 두려움이 들 때면 정말 삶이 허망하지요. 사는 동안 죽음을 늘 의식에 지니고 함께 살아가는 것 같아요. 떨쳐 버리고 또 살아야지요. 힘차게 살아 내야지요. 삶은 준엄한 것이기에…….

나현이를 더 많이 믿어 줘야지

고소현

날씨 이야기

일찍 교회를 나왔다. 교회는 에어컨이 시원하게 켜져 있고 그늘이라 살 것 같았는데 밖은 숨 쉬기가 불편할 정도로 후끈거렸다. 야외 찜질방 같다. 사람들은 양산이나 부채를 하나 정도는 꼭 보는 사람마다 치켜 들고 있었다. 집에 와 보니 엄마는 안방 침대에 대자로 누워 있다. 선풍기를 미풍으로 켜 놓고…… 어제까지만 해도 "원래 여름은 더운 게 정상이지." 했는데 더위를 먹었네.

2시 25분, 가장 더울 때 수영장에 갔다. 돈 내는 카운터에서 언니가 입이 귀까지 걸려 가지고 돈을 세고 있었다. 수영장은 콩나물시루처럼 꽉 차고 이게 뭐야. 좀 느긋하게 수영하고 싶었는데…….

지금은 오후 8시 30분. 내 방 온도가 31도다. 미치겠네.

고소현 어머니

세수를 하고 거울 앞에 섰는데 이마에 금새 땀이 찬다. '이렇게 더운 날, 일도 안 가고 하루 종일 쉴 수 있는 좋은 방법이 없나?' 머리를 굴려 보는 여름날의 아침이다.

같은 남매인데도 남자와 여자아이의 차이인지 두 아이는 참 다르다. 소현이는 그래도 좀 철이 들었는지 뭐든 스스로 하고 노력하는데, 나현이는 옆에서 지키고 앉았는데도 머릿속은 다른 생각인 게 눈에 보인다. 아침부터 나현이를 혼내고 등짝을 한 대 때렸다. 내 손바닥이 얼얼한 걸 보니 나현이의 등은 얼마나 아플까?

입으로는 '우리 나현이는 엄마가 믿는 만큼 해 낸다.'고 말하면서 자꾸 나현이를 믿지 못하는 내가 싫다. 뭐든지 척척 해내는 아이가 내 아이라면 더할 수 없이 좋겠지만, 나 역시 부족한게 많은 어른, 엄마인 것을……

장난도 잘 치고, 남자라서 그런지 뺑도 센 우리 나현이를 더 많이 믿어 줘야지.

✦ 그래요. 좀 더 믿고 기다려 주는 일이 쉽지만은 않지만 부모로서 자식에게 할 수 있는 가장 훌륭한 길이라고 생각합니다.

송영채

날씨: 어제보다는 시원했다. 그래도 역시 말라 비틀어진 오징어가 될 것만 같다. 요즘 물총 싸움을 하는데, 온몸이 젖은 채 돌아와서 우리 교실 문을 열면 바깥은 아프

리카 같고 우리 교실은 북극 한가운데. 학교 끝나고 선호랑 같이 갔는데 선호가 이
백 원을 나한테 줘서 슬러시를 사 먹었다. 선호야 고마워.

미안해 내가 너무 심한 거 같아

요즘 친구들하고 자주 물총 싸움을 한다. 이번엔 조환이, 연주, 나였고
적은 선호, 석민, 호식, 영래, 승현이었는데 저쪽 팀에서 한 명만 오면 팀
이 같아져서 형래가 우리 팀으로 왔다. 이제 쫓기고 쫓기는 대결. 형래가
적들한테 사로잡혀 조환이랑 나랑 형래를 도와주러 갔다.

그곳에서 아이들이 고무줄 놀이를 하고 있었다. 내가 있는 힘껏 달려
가자 배 부분이 뒤로 날 잡아당기는 것처럼 느껴졌다. 나는 혹시 거미줄
에 걸렸나 하고 있는 힘껏 달리자 투둑 무언가 끊어지는 동시에 힘차고
굵은 남자의 목소리 "으앙앙앙."

내가 뒤돌아보니 뚱뚱한 여자아이가 보였다. 나는 끊어진 검은색 고무
줄을 보고 무슨 일이 있었는지 다 알 수 있었다. 여자아이는 손을 꼭 감쌌
다. 나는 너무 미안해서 "미안해 미안해."

형래는 혼자서 적들과 싸우고 있고, 염치없이 친구들한테 가면 미안하
고, 이럴 수도 없고 저럴 수도 없고, 내가 할 수 있는 말은 '미안해.' 하는
말 뿐. 이 아이의 친구들은 무슨 일인지 궁금해서 점점 모이더니 희홍이
동생인가 그 애가 와서 그냥 가라고 한다. 연주도 내 옆에 있었는데, 그냥
가자고 한다. 나는 할 수 없이 가 버렸다. 그 애한테 너무 미안하다. 손이
까졌다며 피가 난다는데 괜찮은걸까. 혹시 피가 나거나 심각해서 보건실
에 간 건 아닌지……

미안해 얘야. 너보다 나이 많은 오빠가 사고를 치는구나. 내가 너무 철
이 없지? 미안해.

아름답게 커 가는 아이들

해가 바뀌어 갈수록 더위가 일찍 찾아오는 것 같습니다. 어느덧 두 달이 되어가는 건가요? 처음에 모둠일기란 것을 접했을 때는 조금 난감하고 더러는 막연하더니만…… 어느덧 제가 이 대단원의 막차를 탄 모양입니다. 기분이 괜찮군요. 큰아이 칠 년 반, 그리고 영채 오 년. 글쎄요. 두 아이의 학교 어머님들, 잘 모릅니다. 선생님 또한 잘 모릅니다. 헌데 4월부터 갑자기 제 아이들이 아닌 아이 주변에 더 많은 관심이 쏟아졌습니다. 많은 생각을 하게 되었지요. 관심이란 것이 참으로 많은 변화를 가져다주는 것 같습니다.

두 아이를 키우면서 일과 아이 교육이라는 두 가지의 몫을 다 충실히 하기란 그리 만만하지가 않더군요. 지난주에 영준이 기말고사가 끝났습니다. 시험 마지막까지 저랑 전쟁이었지요. 공부 때문이 아니라 머리가 너무 길어서 마음에 안 든다, 옷차림은 왜 단정치 못하느냐, 말하는 게 공손치 못해서, 심지어는 가방 끈이 너무 길다는 것까지 트집을 잡아서 마지막 시험 보러 가는 아이를 불안하게 제가 달달 볶았네요. 내 아이, 내 눈에만 덜 차는 아이. 밖에서는 나름 인정받고 칭찬받는 아인데, 부모의 지나친 기대치와 욕심이 내 아이를 망치고 있다는 걸 알면서도…… 저의 잘못된 관심이 아이의 자존심을, 그나마 붙어 있던 자신감마저 상실하게 합니다. 엄마가 잘못했으니 반성해야지요.

지난번 영채 일기(음악 시간)를 보고 사실 동제란 아이가 제 마음에 박혔습니다. 친구를 위해 그리 마음 쓰며 애써 준 것도 예쁘지만 마지막에 영채가 못 불어서 계속 통과하지 못하는 걸 보고, 지켜보는 그 마음이 서러워서 울었다는 그 친구의 아름다운 마음이 저에게는 감동이었습니다. 헌데 오늘 선생님이 워드로 정리해 달아 주신 동제의 일기를 보고 또 한 번 제가 울컥 합니다. 동제 이, 예쁜 놈 때문에요. 어찌 이리 예쁜 넘이 다 있답니까. 그런데 이 두 아이만이 아닌 공범들이 더 있더군요. 뒤처진 친구의 마음을 돌아볼 줄 알고 나 혼자가 아닌, 함께 가는 아이들. 몇 장의 아름다운 장면들이 꼭 동화책을 읽는 그런 기분이었습니다. 혼자가 아닌 모두, 그래서 함께 가는 길, 참 좋았습니다. 감동이었고요.

모둠일기가 저에게는 또 다른 경험이었고, 좋은 변화를 가져왔습니다. 내 아이들을 다른 모습으로 바라보고, 한 걸음씩 다가가려고 노력합니다. 그것이 언제가 되든 선생님이 말씀하신 것처럼 '진심은 결국 통하더라.'는 말씀, 새겨 두지요.

좋은 경험을 함께 나누게 해 주셔서 진심으로 감사합니다. 그리고 5학년 1반 사랑합니다. 여러분!

장채은

날씨: 무지 더웠다. 가만히 있어도 땀이 난다. 하지만 학교는 춥다. 에어컨 바람 때문에 너무 추워 감기 걸릴 것 같다.

시험 때문에

아빠가 들어오셔서 조각 공원에 바람 쐬러 간다고 했다. 나는 나가고 싶어서 "난 그럼 미니 전과 들고 갈게요." 했다. 그리고 친할머니한테 전화해서 "십 분 후에 내려갈게요." 했는데, 엄마가 "채은이랑 나랑은 안 나갈 거야."라고 했었나? 어쨌든 안 간다고 했다. 지금이 시험 기간만 아니었어도 조각 공원에 나가서 신나게 놀았을 텐데……. 휴, 시험 때문에 못 나갔다. 난 너무 들떴는데……. 더워서 나갈 생각에 너무 좋았는데……. 시험! 그냥 자기 실력으로 보면 되지. 공부는 왜 하나? 그냥 테스트 하는 거, 단원을 정리하는 단원 평가 아닌가? 어차피 못 나왔다고 놀림받는 것도 아닌데…….

장채은 어머니

장채은 양, 너도 참 노는 거 무지 좋아한다. 지난 금요일부터 어제까지 앉아서 공부한 시간 얼마나 되냐? 금토 엄마 없는 틈에 잘 놀았지? 할머니 집에서 텔레비전 실컷 보고……. 어제도 11시까지 조각 공원에서 놀았지? 덥다고 데리고 나가 줬구만. 어제에 비하면 오늘 날씨는 진짜 시원한데 뭐가 그렇게 섭하다고…….

시험 보는 거 실력을 테스트 하는 건데 공부 좀 해서 최고의 실력을 발휘하는 거 소홀히 해선 안 된다고 생각해. 공부가 다는 아니지만, 할 수 있는 것도 대충 넘어가는 것도 좋은 건 아니잖아. 그리고 채은이 생각해서 여름방학 동안은 신나게 놀게 해 주고 싶어서 영어 수업도 한 달 쉬게 해 주려 하고 수련회니 성경 학교니 영어 캠프니 모든 곳에 다 보내 주려고 애쓰는데 기말고사 공부 며칠 하게 했다고, 조각 공원 못 나갔다고 그렇게 불평하면 엄마가 섭하지. 그렇게 불평하는 채은이를 보며 너무 데리고 다녀서 노는 것만 더 좋아하게 된 건 아닌가 하는 생각도 잠시 했어. 엄마가 잘못하고 있는 게 아닌가 하고.

장채은, 놀 땐 놀게 해 주잖아. 넌 학생이야. 공부할 땐 또 집중해서 더 열심히 공부해야 하는 게 네 본분이야. 아빠가 늘 얘기하시잖아. 엄마는 엄마 일, 아빠는 아빠 일, 채은이는 채은이 일, 채영인 채영이 일. 각자 본분을 다하지 않으면 어떻게 되겠냐고……. 이번 주만 지나가면 여름 내내 놀 일만 남았는데 뭐든 절제할 줄도 알아야 되는 거야. 다음부터는 스스로 열심히 하는 모습 좀 보여 줘 봐. 엄마가 말하기 전에 말야. 그 후에 얼마나 즐거운 일이 많이 일어날지 기대하면서 말야. 더 좋은 것 주려고 하고, 더 기쁘게 해 주려 하는 엄마 마음을 채은이가 얼만큼이나 알겠냐. 에혀, 참!

✹ 제 아이도 시험 기간이거든요. 별로 공부 얘기 안 하고 학원 안 다니고 총정리 하나 없는데도 가끔 "공부 좀 해야 하지 않냐?" 하고 물어도 신경질을 낸답니다. 참, 자식은 마음대로 못 한다더니 어째 그래 어미 말을 안 듣는지요. 그래서 내버려 뒀습니다. 하든 말든, 지가 알아서 하게 말입니다.

또 누가 날 좋아한다는 것이겠지

김민지

날씨: 오늘도 여전히 더운 날씨였다. 34도가 된다고 한다. 여름은 더워서 너무 좋다.

지민이가 왜 그러지?

오늘 설문지 '스쿨 뱅킹'을 안 가지고 와서 집으로 가서 가지고 학교에 도착을 했다. 지민이, 영래, 가현이, 동제가 학교 뒤에 앉아 있었다. 갑자기 지민, 영래, 가현이가 날 보더니 막 웃었다. 난 조금씩 짐작이 갔다. 뭔 짐작이었냐면 "또 누가 날 좋아한다는 것이겠지……."라는 생각이었다.

학교가 끝나고 지민이 보고 "너 아까 왜 웃었어?" 했다. 그러자 지민이는 "너 좋겠다. 몇 명이냐? 한 명, 두 명, 세 명……. 아니 한 명, 두 명, 세 명, 네 명, 다섯 명, 여섯 명이나 되네. 너 좋겠다."라고 했다. 역시 내가 짐작한 게 맞는 것 같았다.

이번엔 또 누구? 크크크 궁금하다.

음, 모둠일기라……. 그런데 이제 일기장도 달랑 한 장 밖에 남지 않아 내가 쓰는 일기가 처음이자 마지막을 장식하게 됨에 조금 아쉬움을 느낀다. 민지 담임 선생님이 돌아가며 쓰게 하는 모둠일기의 의미를 잠깐 헤아려 보다가 선생님의 획기적인 이벤트랄까 아이디어가 신선해서 충격을 받는다. 늦게 귀가한 탓에 앞쪽에 쓰여진 다른 학부모들 일기 내용을 모두 볼 수는 없었지만, 시간 날 때 읽게 된다면 이 모둠일기를 통하여 5학년 1반 학부모님들과 유대와 공감대를 형성할 수 있을 것 같다는 생각이 든다. 지금 쓰고 있는 글귀가 민지 반 학생과 학부모들에게 공유되어 그동안 흙 속에 묻혀 있던 보석처럼 새롭게 인식되고 소중한 인연으로 자리 이어졌으면 하는 바람도 염치없이 생겨난다.

쓰다 보니 내용이 일기라기보다는 모둠일기의 의미를 부각시키는 글이 되어 버렸네……. 선생님의 의도와 목적에서 벗어난 것 같아 아쉽지만 그래도 진솔한 마음으로 순간의 느낌들을 표현할 수 있어 너무 좋다.

학부모님들께

긴 여름방학이 끝나고 아이들이 학교에 왔습니다. 모두 밝고 건강한 모습이어서 기분이 좋았습니다. 부모님들께서도 방학 내내 아이들과 즐거우셨나요? 저도 나름대로 재충전의 시간을 넉넉히 가졌습니다. 연수도 하고, 계곡에 놀러도 가고, 책도 읽고 하면서요. 이제 또다시 아이들이 저와 함께 학교에서 보내는 시간이 많아졌네요. 2학기에도 우리 아이들의 몸과 마음과 지혜와 지식이 영글어 가도록 애쓰겠습니다.

1학기 끝 무렵에 학부모님의 여러 의견을 들을 수 있는 기회가 있었습니다. 직접 오셔서 말씀해 주신 분들께 고마웠습니다. 마음은 있어도 부담스러워 오지 못하신 분들의 마음도 헤아려 보았습니다. 하지만 교사와 학생과 학부모 사이에 신뢰와 이해가 바탕이 되지 않으면 교육 활동은 파행을 겪게 됩니다. 그리고 그 피해는 고스란히 아이들이 떠안게 됩니다. 하여 2학기를 시작하면서 새로운 마음가짐으로 아이들과 학부모님들을 대하고 싶습니다. 그때 나온 얘기 가운데 두 가지를 기준 삼아 제 교육 철학을 다시 한 번 부모님들께 안내해 드리려 합니다.

아이들이 부모님 말보다 선생님 말을 더 믿고 따른다. 이것이 문제다(?)

저도 아이랑 다툴 때 가끔 "넌 엄마보다 선생님 말이 더 중요해? 나도 네 엄마지만 직장에선 선생님이야!" 하고 소리를 꽥 지르지요.

이 말은 예전부터 자식 키우는 부모라면 누구라도 한 번쯤은 자식이 어깃장 놓을 때 해 본 말일 거란 생각이 듭니다. 아이와 어떤 가치의 문제로 다툴 때 부모 말을 듣기보다 "우리 선생님은 그게 아니랬어." 이런 말을 하지요. 아이들은 배운 대로 하니까요. 이럴 때 부모님들의 권위가 떨어진다고 생각하시는지요?

이번 여름에 연수를 갔는데 연수에 오신 어느 출판사 사장님(여자)은 딸아이와 하도 말이 안 통해 따로 아이 이야기를 들어주고 상담해 줄 선생님을 일주일에 한 번 붙여 준다고 하더군요. 따로 돈을 주면서요. 저와 절친한 동무 사이인 진주초등학교 교사도 부모가 해 줄 수 없는 역할을 대신하여 아이가 믿고 따르는 어른 한 사람을 주기적으로 만나게 하고 있습니다.

아이가 사춘기에 접어들고 세상의 중심이 부모에서 자아로 옮겨 갈 무렵엔, 부모는 원하든 원하지 않든 그 역할을 다른 이에게 물려줘야 합니다. 다행히 둘레에 아이의 말동무가 되고 아이 마음을 이해해 주고 아이가 솔직하게 자기를 털어놓을 수 있는 누군가가 있다면 그것은 감사할 일이지요. 일종의 멘토라고도 할 수 있겠지요. 우리 아이의 멘토가 담임 선생님이라면 그것만큼 좋은 게 어디 있을까요? 그런데 그것이 오히려 문제가 된다고 하니 저는 참 뭐라 드릴 말씀이 없었어요. 그저 우리 아이들만 멍한 눈빛으로 바라볼 수밖에요. 얘들아, 이걸 어쩌면 좋으니?

아이가 선생님을 신뢰하지 못하여,

"우리 선생님은 이상해. 우리 선생님은 가르치는 것도 맘에 안 들어. 우리 선생님이랑 안 통해. 선생님은 내 말을 무시해. 선생님은 우리들 마음을 이해 안 해줘. 선생님이 싫어서 나 학교 가기 싫어."

이렇게 되기를 원하시는 건 아니겠지요? 어제 케이비에스(KBS) 추적 60분 프로그램을 보셨나요? 제목은 '개학이 두려운 아이들'이었습니다. 아이들이 학교 가기를 두려워하여 마침내 선택한 것이 자퇴. 우리 주변에도 있지요. 실제로 이렇게 아이들과 교사의 신뢰가 깨져서 결국 일 년을 다 채우지 못하고 이번에 학교를 그만둔 선생님이 계십니다.

아이들이 제 말을 믿고 따르는 것에 불만이 있는 것은 부모님들 마음 깊은 곳에 있는 두려움 때문이 아닐까 생각합니다. 아이들이 제게 마음을 연 것은 제가 신통력이 있어서도 아니고 사기꾼이어서도 아닙니다. 그리고 처음부터 저에게 마음을 열었던 것도 아닙니다. 지난해 2학기부터였지 싶습니다. 아이들과 끊임없이 눈을 맞추고, 맞장구쳐 주고, 속상한 맘 헤아려 주고, 힘들어하는 얘기 들어주고, 마음속에 숨겨 둔 분노 풀어내게 한 결과입니다.

"응, 그래, 그렇지, 힘들었구나. 그래서 넌 어땠어? 속상했지. 힘들어하지 마. 그럼 우리 그런 마음 한번 살풀이하듯 풀어내자."

그러면서 끝없이 들어주고 말하게 하고 글로 풀어내게 하면서 함께 울고 함께 웃은 결과, 아이들은 저에게 마음 한 켠을 내준 것입니다. 아이들이 판단하는 힘 없이 무조건 믿고 따른다고 생각하시는지요? 그렇다면 아이들을 자기 생각도 없고 판단력도 없는, 시키면 시키는 대로 맹목적인 사고를 가진 아이로 바라보시는 것입니다. 아이들 속으로 들어가 함께 나눌 줄 아는 선생이 되는 게, 제가 선생으로 살아가는 이유이기도 합니다. 영혼이 메마른 교사가 되고 싶지 않습니다.

아이들에게 계기 교육을 했다. 편향된 사고방식을 주입시킨다(?)

사회 교과의 기본 목표는 민주 시민으로서 살아갈 자질을 기르고 비판적인 사고와 창의성을 기르는 데 그 목적이 있습니다. '광우병 문제'를 얘기하시던데 제가 그런 말 하지 않아도 아이들은 이미 다 알고, 보고, 듣고 있습니다.

아이들이 그런 것에 대해 물어 올 때 "너희는 아직 어리니까 그런 일에는 신경 쓰지 말고 공부나 열심히 해." 아이들에게 이런 말이 통한다고 생각하신다면 부모님은 1970년대식 교육관을 가지고 계십니다. 다양한 언론 정보 매체가 우리네 삶 속 깊숙이 자리 잡고 있습니다. 숨길래야 숨길 수 없고요. 그리고 오히려 더 적극적으로 교사는 사회의 여러 가지 현상, 사건에 대해 토론하고 정보를 주고 해야지요.

그리고 지난번 촛불 집회는 백 만이 넘게 온 국민이 관심을 갖고 진행

되어온 일입니다. 대통령이 국민 앞에 사과까지 한 일입니다. 아이들 일기장에 그런 얘기들이 있고 저를 보면 물어 오고 합니다. 당연히 사실을 사실대로 이야기 해 주어야지요. 사회에서 무슨 일이 일어나든, 동네에 무슨 일이 있든, 내 곁의 동무가 어떤 일을 당하든지 간에 상관하지 말고 오로지 나만 행복하고 나만 잘 살면 된다고, 나만 아무 일 없으면 된다고 생각하는 건 아니겠지요. 쓸데없는 것 가르치지 말고 선생은 그저 애들 점수만 올려 주면 된다, 교과서 진도만 떼 주면 된다고 생각하신다면 아이들에게 학교, 선생님, 동무들은 필요 없지요.

사람 목소리를 듣고 생각을 나누고 눈을 맞추고 마음을 나누면서 가르치고 배우고 삶을 나누는 것이 학교의 존재 이유입니다. 박제된 교과서 안의 지식만을 배우고 익히기를 바란다면 집에서 얼마든지 해도 될 입니다. 오히려 학교 나오는 게 시간 낭비이지요. 부모님하고 생각이 다르면 편향된 사고라고 가름하지 말아 주십시오. 다양한 가치 판단은 아이들이 할 겁니다. 불안해하지 마십시오. 아이들은 어리석지 않습니다. 아이들도 나름대로 옳고 그름은 판단할 수 있습니다.

얼마 전 선배 동료 교사에게 충격적인 말을 들었습니다.

"주 선생은 말이야, 왜 그렇게 쓸데없이 아이들이나 학부모님들 마음을 이해해 주려고 해? 내 그럴 줄 알았어. 일기, 나 그거 안 봐. 그 골치 아픈 거 왜 해. 신경 쓸 일 없어서 좋잖아. 애들은 그저 일 년짜리 계약으로 만나는 거야. 거기다 그렇게 마음 쓰고 속상해하고……. 아이들한테 마음 내놓지 마. 아이들 마음 이해해 주고 부모님들한테 그렇게 한다고 그거 누가 알아주는 줄 알아? 그 사람들 그거 이용해."

아, 이런 얘기를 들어야 했습니다. 마음이 아팠습니다.

하지만 아닙니다. 전 아이들을 일 년짜리 계약용으로 만나는 선생은 안 되고 싶습니다. 내 곁을 떠나도 아이들 어찌 살아가나 궁금해하고 만나고 싶고 내 손길이 닿는 곳이면 뻗치고 싶습니다. 내가 도울 수 있다면 기꺼이 함께 하고 싶습니다.

긴 글 읽어 주셔서 고맙고요, 2학기에도 씩씩한 우리 아이들과 함께 잘 지내겠습니다.

안녕히 계십시오.

모둠일기를 시작하려는 선생님들께

모둠일기를 시작하고 싶은 마음이 있으면 이것저것 생각하지 말고 그냥 시작하면 된다. 우리가 무슨 일을 할 때 하지 않을 이유는 수도 없이 많이 댈 수 있지만, 해야 할 이유는 딱 한 가지다. 하고 싶은 마음, 그것 한 가지다. 모둠일기 쓰기를 해 보고 싶다는 선생님 가운데 엄두를 못 내겠다는 분은 결국 안 한다. 하지만 두려움 없이 시작한 선생님들은 해낸다.

학기 초 분주함이 사라지고 분위기가 안정되어 갈 무렵인 5월쯤 시작해서 여름방학 전까지 쓰면 충분하다. 쓰다 보면 모둠일기 매력에 푹 빠져 2학기에도 이어서 하자는 행복한 일이 벌어질 때도 있다.

모둠일기를 시작하기 위한 준비들

우리 반에서는 글쓰기만큼 중요한 게 글읽기였다. 이야기가 될 만한 글은 아이의 동의를 얻어 읽어 준다. 학교 글쓰기 시간에 쓴 글은 대부분 글 나누기까지 이어진다. 일기로 써 온 글 가운데 그날 나누고 싶은 글이 있으면 읽어 주고 함께 나눈다.

처음엔 자신의 글을 공개하는 데 주저하였지만 금방 내려놓았다. 한번 해보니 그 맛을 알게 된 것이다. 자신의 글이 읽혀질 때 얻게 되는 동질감, 쾌감, 공감의 맛을 보았기 때문이다. 그러다 보니 지극히 비밀스런 얘기가 아니면 웬만한 글은 공유가 되었다. 그렇게 글쓰기와 글읽기는 겉으로만 만나는 친구들이 아닌 '우리만의 특별한' 그 무엇으로 작용하여 아이들을 하나로 묶어 주는 소중한 울타리였다.

이제 부모님까지 그 울타리를 넓혀야 했다.

먼저 아이들에게 부모님들도 너희와 같이 일기를 쓰면 어떻겠냐는 의견을 내보였다. 글쓰기의 매력을 아는지라 아이들은 좋아했다. 부모님들은 자신들에게 날마다 잔소리처럼 일기 썼냐고 물어보는데 부모님들도 일기를 쓰면 자신들을 이해할 수 있을 거라며 환호했다. 엄마 아빠는 대체 무슨 생각을 하는지, 어떤 글을 쓰실지 궁금하다고 했다.

다음은 부모님들의 동의를 얻어야 했다. 아이들 전체가 나온 예쁜 사진도 넣고 왜 모둠일기를 시작하려 하는지, 어떻게 쓰는 건지, 함께해 주시기를 간절히 바라는 마음을 담아 편지를 보내드렸다. 편지와 함께 아이들에게도 당부했다. 부모님께 잘 말씀드려 함께하자고.

우리 반은 모두 서른세 명, 한 모둠에 5~6명씩 모두 여섯 모둠이었다. 나는 공책 여섯 개를 준비하여 겉장에 모둠 이름을 굵게 써서 내주었다. 모둠에서 일기 쓰는 차례를 정해 공책 맨 앞장에 쓰라고 했다. 대체로 일주일이나 열흘에 한 번 꼴로 일기 쓸 차례가 돌아온다. 모둠일기는 처음 쓰는 사람이 중요하다. 모두가 막연해하는 상태라 첫 사람이 어떻게 쓰느냐가 모둠일기의 방향이나 흐름에 영향을 주는 일이 많기 때문이다. 아이들은 알아서 차례를 정했다.

모둠일기를 쓰지 못할 사람은 없다

첫날, 여섯 모둠 모두 일기를 써 왔다. 기대 이상이었다. 그동안 아이에게, 교사에게, 학교에 하실 말씀들이 이렇게 많았구나 싶었다. 소통의 방법을 몰랐을 뿐 이렇게 판을 벌여 주자 부모님들은 물 만난 물고기처럼 온갖 이야기들을 일기장에 써 내려가신 거였다.

어쩌다 모둠일기를 못 써 오는 아이가 있으면 건너뛰기도 하고 다음 날 써 오기도 하였다. 아이들은 부모님이 써 주시는 일기를 너무도 좋아했고 행여나 부모님이 쓰지 않으면 몹시 안타까워했다. "부모님이 바쁘셨나 보다. 괜찮아. 내일 써 오면 돼지 뭐." 내가 뭐라 하지 않아도 아이들 스스로가 부모님에 대한 바람이 있었기에, 나는 오히려 더 기다려 주었다.

부모님들 가운데 동의는 했지만 막상 쓰려고 보니 부담을 느껴 못 쓰시겠다는 분도 있었다. 그럴 땐 편지나 전화를 드려서 아이에게 들려줄 말을 글로 대신한다 생각하고 편한 마음으로 써 달라고 부탁드렸다.

모둠일기를 쓰면서 느낀 건데, 쓰지 못할 사람은 없다. 다만 평소에 자녀와의 관계에서, 부모도 실수도 하고 나약한 한 사람임을 숨기고 완벽한 성인으로 아이 위에 군림하려 했던 부모님들은 어려워했다. 남에게 드러나는 글쓰기가 자신을 평가하는 잣대가 될까 봐 두려워하는 분들이었다. 식당에서 서빙을 하고 운전을 하고 배달을 하고 장사를 하고 몸을 놀려 일하는 분들은 글쓰기에 어려움을 느끼지 않았다. 그저 손 가는 대로 맘 가는 대로 썼다. 머리가 아닌, 손으로 발로 일하며 살아가는 사람들의 정직하고 건강한 삶이 글에서도 고스란히 묻어 나왔다.

부모님이 써 주는 글을 받아 보는 것만으로 나는 행복했다. 평범한 삶을 살아가는 부모님들이 쓴 글을 어느 누가 이렇게 볼 수 있을까 싶었다.

마음이 담긴 답글은 필수!

읽고 난 뒤 반응과 공감은 필수다. 아이들 일기에 답글 달아 주는 건 한두 문장이면 되었다. 그런데 부모님이 어렵게 마음을 내어 쓴 글에 답글 다는 일은 따로 시간을 내야 했다. 호흡이 필요했다. 아이들 일기 답글은 출근하자마자 아침 시간에 읽고 써 주었고, 모둠일기 답글은 아이들이 전담 수업을 받으러 가는 시간을 내어 썼다. 누구의 방해도 받지 않는 상태여야 했다. 우리 교실은 3층이었는데 바로 위가 옥상이었다. 옥상 한 귀퉁이에 책걸상을 갖다 놓고 나만의 공간을 마련했다.

글 내용에 따라 교사의 시각으로, 때론 아이를 이해하기 힘든 부모의 처지에서, 때론 아이들 처지에서 답글을 달았다. 자신의 글을 내보였을 때 반응을 궁금해하는 건 아이나 어른이나 마찬가지다. 부모님들도 내가 쓴 답글을 기다렸다. 한 번은 이런 일도 있었다. 딸아이 편에 일기를 써 보냈는데 선생님이 뭐라고 답을 했는지는 일주일 뒤에나 볼 수 있으니

기다릴 수가 없었나 보다. "○○야, 오늘 엄마 일기에 선생님이 뭐라고 답장하셨는지 공책에 좀 적어 와." 이렇게 사람은 누구나 내 행동에 대해 반응하고 응답해 주길 바라고 있다.

모둠일기를 쓸 때 주의할 것

모둠일기를 더 잘 활용하기 위해 기억해야 할 것들이 있다. 먼저, '밑불 넣기'라고 하는데 아이들이나 부모님이 마음을 낼 수 있게 분위기를 만들어 가야 한다. 아무리 좋은 것이라도 교사 일방으로 할 수는 없다. 충분히 설득하고 이해하게 하고 받아들인 다음에 해야 한다. 서로에게 익숙해진 5월쯤이면 좋겠다.

두 번째는 못 하겠다는 부모님들이 있다. 그러면 아이가 먼저 실망한다. 이럴 때 아이에게 부모님의 처지를 이해할 수 있게 잘 말해 주어야 한다. "그럴 수 있어. 너두 일기 쓰기 싫을 때 있잖아." "생각할 시간이 필요하신가 봐. 좀 기다려 보자." 상황에 맞는 말로 아이에게 이야기 해 주고 부모님과는 따로 이야기를 나눈다. 까닭을 물어보고 부담 갖지 않는 선에서 함께해 줄 것을 정중히 요청드리면 대부분 동참한다.

셋째, 꼭 부모님이 아니어도 된다. 할머니, 삼촌, 이모, 형제자매도 모둠일기 쓰는 날에 곁에 있으면 동참시켜도 좋다. 부모님이 병원에 입원해 계셨는데 아이를 돌봐 주러 온 할머니가 써 주신 일도 있고, 집에 놀러 온 이모가, 동생이, 형이 쓰고 싶다고 해서 지면을 내어 준 아이도 있었다. 모두 특별하고 의미 있다.

넷째, 두 달쯤 쓰면 딱 좋다. 그 정도 쓰면 서로를 깊이 잘 알게 되고 신뢰도 쌓인다. 그런데 쓰다 보면 더 쓰고 싶어 하는 분들이 있고 그만하자는 분들도 있다. 이때도 다시 부모님과 아이들 의견을 묻는 편지를 보내고 그 결과를 다시 안내했다. 어떻게 해야 할지 모를 때는 물어보는 게 가장 좋다. 그러면 어떤 결정도 받아들이기 때문이다.

다섯째, 모둠일기를 마감할 때는 그동안 함께해 주셔서 고마웠다고, 이것이 우리에게 어떤 영향을 끼쳤고 우리를 얼마나 힘 나게 했는지를 편지에 담아 보낸다. 편지 끝에 자르는 선을 두고 모둠일기 쓰신 소감을 간단히 적어 보내 달라고도 부탁드린다. 귀한 글들 소중히 엮어서 문집으로 보내드리겠다는 약속과 함께……

문집이 나오고 책잔치를 하면 좋다. 둘러앉아 문집에 나온 글도 발표하고 소감도 나누는 자리. 아이들이 노래도 준비하고 부모님께 드리는 편지도 읽는다. 함께 어우러지는 자리, 더없이 따뜻하고 아름다운 자리!

모둠일기, 인연으로 이어지다

일기를 같이 쓰는 모둠은 아이들뿐 아니라 어른들도 친해진다. 글을 읽으면 글쓴이를 만나 보고 싶은 건 당연하지 않은가. 그래서 부모님들은 모둠 아이들을 집으로 초대하기 시작했고 그러면서 자연스레 부모님들도 만남으로 이어졌다. 처음 얼굴을 마주하더라도 글로 이미 만났기에 쉽게 친밀해졌다. 자연스럽게 모임을 만들어 밥도 먹고 차도 마시며 아이들 이야기, 선생님 이야기, 살아가는 이야기를 나누었다. 함께 고민을 나누고 정보를 얻으며 학교와 학급 운영에 관심을 갖는 분들이 많아졌다.

학급 운영에 부모님들이 적극 힘을 실어 주고 믿어 주니까 무엇이든 할 수 있었다. 버스를 빌려 시골로 체험 학습을 하러도 가고, 계절이 바뀔 때마다 학교 앞 산을 오르내리고, 재능 기부로 부모님들이 아이들에게 특별 수업을 해 주시고, 부모님 직장을 가서 퇴근까지 시간을 같이 보내고, 학급 잔치, 발표회, 프로젝트 수업, 끝장 토론……. 수없이 많은 것들을 거뜬히, 즐겁게 해 나갔다.

학부모와 상담? 굳이 따로 시간을 정할 필요가 없었다. 모둠일기를 쓰면서, 그렇게 열려진 관계에서는 일상이 상담이었고 특별한 상담도 언제든 부담 없이 시간을 마련할 수 있었다. 막혀 있으면 통하지 않는데 우리는 언제나 통할 수 있는 길이 열려 있었다. 그 길에 부모님과 함께 쓴 모둠일기가 있었다.

모둠일기 처음과 끝, 그 너머

글쓰기로 만나 온 아이들

어린이의 마음과 삶의 실상을 알아내는 데는 어린이가 정직하게 쓴 글을 읽는 것보다 더 좋은 방법이 없다. 어린이들이 솔직하게 써 놓은 글은, 그것이 아니고는 다른 어떤 방법으로도 알아낼 수 없는 어린이들의 마음과 삶을 잘 보여 준다. 어린이들의 글에서 그들의 마음과 삶을 알아 그로부터 교육을 시작하는 것이다. 글을 쓰게 하는 까닭, 정직한 글을 쓰게 하는 까닭이 여기에 있다. 정직한 글쓰기는 가장 귀한 교육의 기본이요 기본 수단이다.

－《글쓰기교육의 이론과 실제》(한국글쓰기교육연구회, 온누리)

1990년 교사로 첫 발령을 받고 아이들을 만나면서 한 해도 거르지 않고 아이들과 나는 한바탕 난장을 벌인다. 꼭꼭 쟁여 놓고 숨겨 놓은 자신만의 무거운 응어리들을 모두 앞에 내놓고 그것을 같이 들여다보면서 파헤치고 흔들고 마침내는 반짝이는 빛깔의 가루들로 만들어 날려 보내는 굿판이다. 그것은 자신의 상처를 드러내는 일에서부터 출발한다. 그 방법 가운데 가장 중요한 것이 자기를 드러내는 글쓰기이며 나아가 치유하는 글쓰기였다.

글쓰기 교육에 관심을 갖게 된 것은 우리 교육계의 큰 스승이었던 이

오덕 선생님이 만드신 '한국글쓰기교육연구회'에 가입하여 활동하면서부터이다. 아이들과 함께 할 수 있는 일이 무엇인가 고민하던 가운데 '삶을 가꾸는 글쓰기 교육'을 만나게 되었다. 마침 내가 살고 있는 곳에 지역 글쓰기 모임이 있었다. 한 주에 한 번 금요일 저녁에 모여 아이들 글을 함께 보며 삶과 교육 문제를 이야기하고 교사로서 어떻게 살아가야 하는지를 나누었다.

교사 모임의 글쓰기 공부는 교실에서 실천으로 이어졌다. 날마다 내 책상 위에 올려지는 아이들 일기와 특별히 시간을 내어 하는 깊이 있는 글쓰기로 아이들 속으로 들어갔다. 그렇게 쓰여진 글을 모아 학급 신문, 학급 문집을 만들어 다시 아이들에게 돌려주었다. 글쓰기는 아이들 자신에게는 내면을 정직하게 들여다보는 거울이었고 나에게는 아이들 속으로 들어갈 수 있는 통로였다.

흔들리는 가정 그리고 아픈 아이들

학기 초 담임 발표가 있던 날, 나는 지난해 우리 반이었던 4학년 6반 아이들을 5학년 1반으로 다시 만나게 되었다. 초등학교 5학년은 대부분 아이들 몸과 마음에 회오리가 몰아치는 때다. 아이와 부모가 잦은 갈등으로 상처를 주고받으며 힘들어한다. 4학년 2학기 무렵부터 조짐이 보였다. 아이들은 부모님들이 자신들을 이해하지 못한다며 격한 말과 감정을 일기장에 쏟아 놓았다. 분노와 아픔까지도 숨김없이 드러냈다.

흔들리는 가정, 아니 뿌리가 썩어 가고 있는 집들이 보였다. 술 취해 들어오는 엄마 아빠, 바람난 엄마, 폭력을 휘두르는 아빠, 무기력한 아빠, 식구들에게 관심 없는 엄마, 헤어질 것 같은 엄마들, 아빠들…….

부모의 이런 모습들을 우리 아이들은 숨죽이며 다 보고 있었고 다 알고 있었다. 그런 가정에서 어쨌든 살아 내야 하는 힘없는 우리 아이들은 몸과 마음에 아픈 증상이 나타났다. 초점 잃은 눈으로 멍하니 앉아 있고, 게임에 중독되고, 밤마다 집에 안 들어가고, 동무들의 눈치를 보고, 작은 일에도 다투고, 잊어 먹기 일쑤고, 아무런 의욕도 없고…….

이대로 아이들을 내버려 둘 수 없었다. 부모님들이 알아야 했다. 아이들이 무슨 생각을 하고 있는지, 얼마나 아파하는지. 그리고 다른 부모님들은 어떻게 살아가고 있고 아이를 어떻게 대하고 있는지도. 가정 안에 뿌리를 두고 있는 이 엄청난 문제들을 나 혼자 감당하기엔 버거웠다. 내가 할 수 있는 일은 아이들 손을 잡아 주고 들어주고 작은 목소리로나마 힘을 내라고 하는 것뿐이었다. 내 몫에 부모님들의 몫을 보태야 아이들을 구할 수 있다. 그런데, 그런데, 그 방법은 뭐지?

마음의 창, 함께 일기 쓰기

교육 활동에 학부모들의 목소리를 담아내기엔 우리네 교육 현실은 그리 녹록지 않다. 어머니회 또는 학부모회가 있긴 하지만 학교의 필요에 따라 형식적, 의무적으로 꾸려지는 경우가 대부분이다 보니 제 구실을 못하는 경우가 많다.

더군다나 우리 반은 한 부모랑만 사는 아이가 여섯이나 된다. 엄마랑 사는 아이 둘, 아빠랑 사는 아이가 넷이나 된다. 아무래도 이런 분들에게 학교 문턱은 더 높지 않을까? 이래저래 학부모 모임에 참여할 수 없거나 시간 내어 아이 문제로 상담조차 하기 힘든 현실에서 부모님과 아이가 서로를 들여다볼 수 있는 창으로 생각해 낸 것이 '함께 일기 쓰기'였다. 다른 부모님들의 생각도 엿보고 내 아이뿐 아니라 내 아이 친구들의 생각도 읽다 보면 부모님들과 아이 사이의 간격을 좁혀 나갈 수 있지 않을까.

기적은 날마다 일어나고 있었다

모둠일기를 써 나가면서 생활 속에, 가정에, 교육 현장에 어떤 변화가 스며들기 시작했다. 대화가 없던 식구들 사이에 따스한 기운이 감돌고, 자주 빚어지던 갈등이 서로에 대한 이해로 바뀌었다. 텔레비전을 없애고 식구들끼리 눈빛을 주고받으며 이야기하는 시간이 길어지기 시작했다. 내 아이의 이해할 수 없는 행동은 성장하기 위한 통증으로 받아들일 수 있게 되었고, 학교와 교사에게 보내던 막연한 불안은 믿음과 신뢰로 바

꿰었고, 내 아이에게만 보내던 눈길이 친구들에게도 향하고 부모님들과
도 통할 수 있게 되었다.

하루하루 살아가는 우리의 삶 자체가 사실은 기적의 연속이라고 할 수
있다. 단지 우리가 그것을 느끼지 못할 뿐, 잠시라도 고요히 내 삶을 들여
다보면 놀라운 기적이 일어나고 있음을 알 수 있다. 그런데 우리 반에서
모둠일기를 쓰면서 정말로 기적 같은 일이 일어났다.

아주 오래전에 헤어진 엄마가 집으로 돌아오게 된 일, 아빠와 단둘이
살던 아들에게 아빠가 모둠일기에 이 세상 마지막 선물로 편지를 남기고
간 일, 관심 없던 아빠가 이제는 누구보다 앞장서 아이 교육에 참여하게
된 일, 해체 위기에 놓였던 가정이 다시 합치는 계기가 된 일이 생겨났다.
아이와 부모와 교사가 함께 마음을 나누며 글을 쓰는 작은 공책 한 권에
서 참으로 놀라운 일이 일어난 것이다.

솔직한 글쓰기, 삶을 가꾸는 글쓰기는 이렇게 마음의 벽을 허무는 힘,
치유의 힘을 지니고 있다. 우리는 날마다 기적을 일으키고 있었던 거다.

아이들이 6학년에 올라가고 난 뒤 얼마 후, 한 어머니가 보내 준 편지
를 끝으로 글을 마무리하려고 한다.

주순영 선생님께
며칠 전까지만 해도 앞산, 봉황산 가득 흐드러진 벚꽃들의 행렬을 볼 수 있었

는데 어느새 화려한 꽃들의 잔치가 끝났더군요.

그동안 편안하셨는지요. 바쁜 새 학기를 정신없이 보내셨을 거라 생각합니다. 귀여운 악동 친구들과도 이젠 많이 익숙해졌는지요. 해마다 첫사랑을 만나듯 새 학년, 새 친구들과의 만남은 기분 좋은 기다림이었을까요.

두 해 전, 선생님과의 인연이 새삼 떠오릅니다. 어렵게 가진 아이, 늦되는 학습으로 걱정이 많았기에 4학년 때 선생님과의 만남이 더 특별했습니다. 지인에게 선생님 이야기를 듣게 되었는데, 아이들을 편견 없이 사랑하는 분이라는 귀띔에 안심이었습니다.

모든 것에 흥미를 가지지 못하는 아이를 향한 내 조급한 마음……. 매번 아이와의 갈등은 원치 않는 상처만 남기곤 했습니다. 엄마의 못 미더움이 고스란히 예민한 아이에게 그대로 전달되어 서로에겐 지루하고 힘든 시기였습니다.

날마다 일기를 꼼꼼하게 챙겨 주고 세심하게 일일이 답글까지 적어 주시는 선생님에게 아이는 조금씩 마음을 열어 갔습니다. 엄마에게조차 정직하게 말할 수 없었던 학교 생활들을(성적, 친구 관계) 아이의 일기를 통해 소통할 수 있는 좋은 기회였습니다. 거칠게 사춘기 진입을 알리며 아이는 날마다 건강하게 자랐습니다. 미처 아이의 마음까지 따라가지 못해 당황스러울 때, 선생님께서 적극적으로 개입해 주셔서 아이와의 관계는 조금씩 좋아졌습니다. 마음 졸이며 지켜보았던 아이의 호된 성장통을 함께 겪으며, 든든한 믿음으로 늘 응원해 주고 격려해 주셨던 선생님이 계셨기에 가능한 일이었습니다. 새삼 고마운 마음입니다.

두 해 내리 아이들의 담임을 맡으며 말 못 할 선생님만의 고충, 안타까움, 고민도 많았을 텐데 늘 한결같음으로 아이들을 사랑해 주셔서 얼마나 든든했는지요. 공부 못하는 아이의 무력감, 상처 받음에서 씩씩하게 잘 견딜 수 있도록 힘을 실어 주셔서 지금 유라는 날마다 새로워지고 있답니다.

지금도 5학년 때 선생님과 함께 만든 모둠일기를 습관처럼 잠들기 직전 배를 깔고 다시 읽어 보며 지난 시절을 추억한답니다. 그 모둠일기 속엔 그때의 아이들이 그대로 있으니까요. 선생님과 떠났던 현장학습조차 유라에겐 즐거운 소풍이었나 봅니다. 천은사를 들를 때마다 마주치는 두타 체험 학습장을 보면서 뜨겁던 지난 여름을 말하는 걸요.

모둠일기를 통해 우리 집 아닌 다른 친구들의 생활을 엿볼 수 있어 좋았고 부모님들이 저마다 써 놓은 일기도 즐겁게 감상했습니다. 내 아이에게 부족한 것, 넘치는 것, 채워야 하는 것 등등……. 소소한 일상을 참 많이 접할 수 있어 개인적으론 많은 도움이 되었습니다. 아이가 무얼 아파하는지, 무얼 가장 원하는지, 좁은 교실에서의 아이 행동, 쉽게 접근할 수 없었던 부분들까지, 긍정적인 효과를 거둔 2년여의 모둠일기 쓰기는 지금 유라의 훌륭한 스승이 되었습니다. 머리 숙여 감사드립니다.

가끔 선생님과 흩어진 친구들이 그리운지 곧잘 지난 얘기를 하곤 하지요. 부산으로 전학 간 원빈 어머니와 가끔 전화 통화를 하는데 원빈이도 삼척 정라초등학교의 5학년을 추억한다는군요. 그만큼 선생님의 고운 영상이 여전히 아이

가슴엔 깊이 자리 잡고 있는 게지요. 그렇게 우리 아이들이 매일 밤새 훌쩍 자라는 것 같습니다.

깊은 정적의 시간. 아이도 달짝지근한 숨소리를 뱉으며 기분 좋은 꿈이라도 꾸는지 몸을 여러 번 뒤척이며 평화롭게 자고 있습니다. 잠들기 직전까지 지난 5학년 학급 문집 〈우린 딱딱 맞아!〉를 읽었답니다. 일일이 아이들 이름을 부르며 친구들 안부를 궁금해하더군요. 아이에겐 잊을 수 없는 아름다웠던 시절이겠죠?

사람 낯을 많이 가렸던 아이가 선생님의 많은 용기와 사랑, 칭찬, 응원으로 이제는 뻔뻔스러울 만큼 당당하게 잘 자라고 있습니다. 고학년임에도 불구하고 여전히 공부를 안 해 제 속을 태우는 중이지만 아이가 보내는 자신을 믿고 좀 더 기다려 달라는 간절한 눈빛을 읽고 내심 안심이 되었답니다.

밤이 깊었습니다. 선생님과 공유했던 내 아이의 교육, 믿음이 다시 생각나서 이렇게 새벽을 밝히며 편지를 쓰고 있습니다. 복도에서 선생님을 만나기라도 한 날이면 유라의 재잘거림은 그칠 줄 모릅니다. 목소리도 커지고 적당히 자신감도 보입니다. 선생님의 격려가 큰 힘이 되었습니다.

고.맙.습.니.다.

– 늘 아이들 속에서 행복해하시는 선생님께, 유라 엄마가